Christa Troll
Michaela Engelhardt

Hauswirtschaft in Bildern

Rezepte

Auer

Gedruckt auf umweltbewusst gefertigtem, chlorfrei gebleichtem
und alterungsbeständigem Papier.

1. Auflage 2014
Nach den seit 2006 amtlich gültigen Regelungen der Rechtschreibung

Fotos: Friedrich Rieß, München
Umschlagfoto: Friedrich Rieß, München
Illustrationen: Thorsten Trantow, Cartoonstudio Meder, Stefan Lohr
Satz: krauß-verlagsservice, Augsburg
Druck und Bindung: Stückle Druck und Verlag, Ettenheim
ISBN 978-3-403-07589-9

www.auer-verlag.de

Inhaltsverzeichnis mit Rezeptverzeichnis

1 Vorüberlegungen

2 Medien

3 Rezeptverzeichnis (Begleitheft und Fotokarten kombiniert)

Gang	Symbol	Rezept	Schwierigkeitsgrad	Seite Buch	Farbe Fotokarte
Hauptspeisen		Nudeln mit Hackfleischsoße	★★	27	rot
		Frikadellen/Fleischpflanzerl (Fleischteig)	★★	28	
		Gefüllte Paprikaschoten	★★★	28	
		Hackbraten	★★★	29	
		Rinderrouladen	★★★	30	
		Gulasch	★★★	30	
		Lauch-Quiche (Quark-Öl-Teig)	★★★	31	
		Pizza (Hefeteig)	★★★	31	
		Lasagne	★★★	32	
		Gemüseauflauf (mit Kartoffeln oder Nudeln)	★★	32	
		Spinat-Käse-Blätterteigtaschen	★★★	33	
		Schinkenhörnchen (Blätterteig)	★★★	33	
		Wiener Schnitzel	★★★	34	
		Schnitzel (natur) in Senfsoße	★★	35	
		Rahmgeschnetzeltes	★★	35	
		Pfannkuchen mit Hackfleischfüllung	★★★	40	
		Pfannkuchen Schinken-Käse-Füllung	★★★	40	
		Überbackene Fischschnitzel	★★★	36	orange
		Forelle nach Müllerin Art	★★★	36	
Nachspeisen		Einfache Creme	★★★	37	gelb
		Pudding (Päckchen)	★	37	
		Apfelmus	★	38	
		Obstsalat	★	38	
		Fruchtcreme (Gelatineverarbeitung in kalter Flüssigkeit)	★★★★	39	
		Mousse au Chocolat (Gelatineverarbeitung in heißer Flüssigkeit)	★★★★	39	
		Pfannkuchen	★★★	40	
		Pfannkuchen mit Quarkfüllung	★★★	40	
Kuchen / Gebäck		Apfelschlupfkuchen (Rührteig)	★★★	41	braun
		Muffins (Rührteig)	★★★	41	
		Zwetschgenkuchen (Mürbteig)	★★★★	42	
		Butterplätzchen (Mürbteig)	★★★★	43	
		Nussschnecken (Quark-Öl-Teig)	★★★★	44	
		Apfeltaschen (Quark-Öl-Teig)	★★★★	44	
		Biskuitboden (für Obstkuchen, Torten)	★★★	45	
		Obstkuchen (Biskuitteig)	★★★	45	
		Biskuitrolle	★★★★	46	
		Hefezopf	★★★★	47	
		Apfelstrudel	★★★★	48	
		Windbeutel mit Obst-Sahne-Füllung	★★★★	49	
		Windbeutel mit Käsefüllung	★★★★	49	
		Windbeutel mit Lachsfüllung	★★★★	49	
Getränke		Tee	★	50	rosa
		Früchtepunsch	★	50	
		Obst-Milchshake	★	51	
		Cocktail	★	51	
		Tropen-Cocktail	★	51	
		Frutty Mix	★	51	
		Erdbeer-Coladina	★	51	

1 Vorüberlegungen

Im Fach Hauswirtschaft steht neben Planen und Organisieren vor allem das Zubereiten von Speisen im Mittelpunkt, wobei hier grundlegende Rezepte erlernt werden und das Zusammenstellen von Speisenfolgen geübt wird.
Damit Schüler* selbstständig Speisen zubereiten können, müssen wesentliche Garmachungsarten und Grundrezepte erlernt werden.
Diese Grundrezepte werden anhand einfacher Rezepte erlernt und eingeübt, damit der Schüler diese auf weitere Gerichte übertragen kann.
Das Erlenen, aber auch die immer wiederkehrende Sicherung dieser fundamentalen Techniken ist von großer Bedeutung.
Der Schüler wird so befähigt, im Rahmen einer Projektprüfung ein Menü mit angemessenem Schwierigkeitsgrad selbstständig auszuwählen, herzustellen und ästhetisch zu präsentieren.

Aufbau der Fotokartei „Rezepte“

Die Fotokartei „Rezepte“ besteht aus mehr als 60 Rezeptkarten und enthält die wichtigsten Grund- und Basisrezepte, die in den Klassen 5–9 zubereitet werden.

Mithilfe der farbigen Umrandung auf der Fotorezeptseite sind die Rezeptkarten in folgende Kategorien unterteilt: Suppen, Salate, Hauptspeisen, Beilagen, Nachspeisen, Kuchen/Gebäck, Getränke.

Beispiel Rezeptkarte „Spätzle“

Farbige Vorderseite mit Bildrezept in 6 Arbeitsschritten:

Einfarbige Rückseite mit Rezept in Tabellenform:

Spätzle

Menge	Zutaten	Zubereitung
viel 1 TL	Wasser Salz	1. Einen weiten Topf zur Hälfte mit Wasser füllen und Wasser zum Kochen bringen
300 g 200 ml 3 1 Pr.	Mehl Wasser Eier Salz	2. Zutaten für die Spätzle mit dem Handrührgerät und den Knethaken zu einem Teig verarbeiten 3. Spätzle ins kochende Wasser schaben, pressen oder hobeln **Garzeit:** 2–4 Min. 4. Spätzle herausnehmen und abschrecken
1 EL	Butter	5. Spätzle gut abtropfen lassen, in heißer Butter schwenken und anrichten

- Spätzleteig darf nicht zu dünnflüssig sein, sonst ergibt es keine schöne Spätzleform.
- Das Wasser muss kochen, wenn die Spätzle gehobelt werden.
- Spätzle sofort herausnehmen, sobald sie an der Oberfläche schwimmen

Die Rezeptkarten sind mit Symbolen versehen:

Links oben: Icon für den Gang eines Menüs, z. B. Beilage

Rechts oben: Icon für die Garmachungsart, z. B. Kochen

Rechts oben: Kochmütze mit Sternen kennzeichnet den Schwierigkeitsgrad des Rezepts, von ★ = einfach bis ★★★★ = sehr schwierig

Unter dem Rezept: praktische Tipps zur Herstellung des Rezepts

* Aufgrund der besseren Lesbarkeit ist in diesem Buch mit Schüler auch immer die Schülerin gemeint, ebenso verhält es sich mit Lehrer und Lehrerin etc.

Begleitheft mit Kopiervorlagen

Das Begleitheft mit Kopiervorlagen beinhaltet zu jeder Rezeptkarte der Fotokartei ein Rezeptblatt als Kopiervorlage für die Mappe der Schüler.
Für die Einschulung des Umgangs mit den Rezeptkarten finden sie zwei Spiele vor, mit denen die Bedeutung der Icons (Gang, Garmachungsart) erarbeitet und veranschaulicht werden.

Mithilfe eines Arbeitsblatts können Schüler Menüs mit einem individuell angemessenen Schwierigkeitsgrad selbstständig zusammenstellen. Dies ermöglicht projektorientiertes Arbeiten im Fach Hauswirtschaft

CD-ROM mit digitalen Rezepten

Hauswirtschaft in Bildern – Rezepte beinhaltet auch eine CD-ROM, auf der alle Rezepte in digitaler Form als pdf-Datei enthalten sind.
Von jedem Rezept finden Sie eine PowerPoint-Präsentation für den Einsatz am Beamer oder Whiteboard mit Folien vor, die rechts oben mit diesen Symbolen gekennzeichnet sind:

Information mit Foto von angerichteter Speise

Rezept in Textform, mit Kennzeichnung der Schwierigkeitsstufe

Arbeitsanleitungen zu neuen bzw. schwierigen Arbeitsphasen.

Bildrezept mit Garmachungsart-Icon

Grobplanung

Feinplanung

Merkregeln

Abwandlungsmöglichkeiten

Links oben finden Sie ein Icon vor, das die Rezepte dem betreffenden Gang zuordnet, also z. B. Salat, Hauptspeise, Beilage, Nachspeise, Kuchen/Gebäck, Suppen

Planen – eine wichtige Kompetenz

In den Präsentationen finden Sie sowohl eine Grobplanung, als auch eine Feinplanung vor. Damit die Schüler Wartezeiten besser erkennen und bei der Planung berücksichtigen, sind diese mit dem Symbol einer Stoppuhr gekennzeichnet.

Verschiedene Farben kennzeichnen die Art der Wartezeit:

Rot = Garzeit
Blau = Abkühlzeit
Grün = sonstige Wartezeiten, z. B. Gehen lassen, Trocknen lassen

Einsatzmöglichkeit der CD-ROM im Unterricht

Immer mehr Schulküchen sind mit interaktiven Whiteboards bzw. Beamern ausgestattet. Diese ermöglichen den Einsatz von digitalen Medien.

Folgende Einsatzmöglichkeiten der Präsentationen im Unterricht sind vorstellbar:

- Einsatz in der Anfangsphase: Hinführung zur praktischen Arbeitsaufgabe. Das Foto des angerichteten Gerichts gibt den Schülern eine Vorstellung vom Thema und trägt zur Motivation bei.
- Erarbeitung eines Rezepts im Klassenverband. Der Lehrer kann die Herstellungsschritte mit Bildern anschaulich präsentieren.
- Arbeitsanleitungen mit Bildern von schwierigen Arbeitsschritten schulen fachlich richtiges Arbeiten ein.
- Planung:
  Erstellen von Organisationsplänen: Anhand der Grob- und Feinplanung können Schüler einen eigenen Organisationsplan von diesem Gericht bzw. von mehreren Gerichten erstellen. Auch eine Aufteilung der anfallenden Arbeiten auf eine Kochgruppe kann damit erarbeitet werden.
- Merkregeln und Abwandlungsmöglichkeiten können als Sicherung oder Gesamtzusammenfassung gezeigt werden.

Beispiel anhand einer Präsentation des Rezepts Apfelschlupfkuchen

Apfelschlupfkuchen
(Grundrezept Rührteig)

Der Rührteig wird auch noch Rührmasse genannt. Er ist ein einfacher Teig, der sich leicht zubereiten lässt. Durch die Zugabe von verschiedenen Geschmackszutaten oder Obst kann er leicht abgewandelt werden.

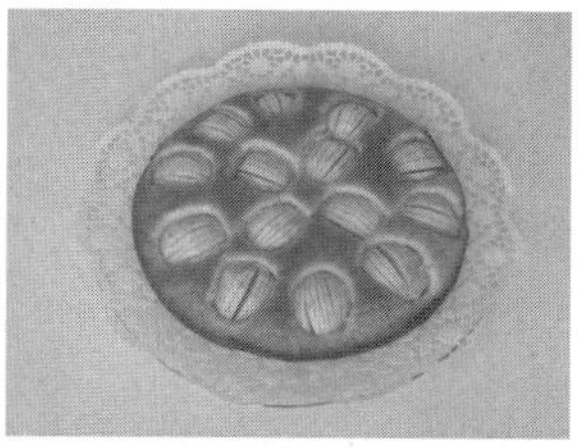

Gang

Schwierigkeitsgrad

Garmachungsart

Apfelschlupfkuchen
(Rührteig)

Menge	Zutaten	Zubereitung
3 – 4	Äpfel	1. Springform vorbereiten
	Zitronensaft	2. Äpfel schälen, vierteln und einschneiden
150 g	Butter	3. Äpfel mit Zitronensaft beträufeln
150 g	Zucker	4. Butter, Zucker, Vanillezucker und Eier zu einer Schaummasse rühren
1 P.	Vanillezucker	
3	Eier	5. Mehl, Backpulver, Zitronenschale und Milch zugeben und kurz unterrühren
250 g	Mehl	
2 TL	Backpulver	6. Teig in die Springform geben
¼ TL	Zitronenschale	7. Äpfelviertel auf dem Kuchen verteilen
6 EL	Milch	8. Kuchen backen, ca. 200 °C **Garzeit:** ca. 45 Min.
	Puderzucker	9. Vor dem Servieren evtl. mit Puderzucker bestäuben

Saisonkalender von Obst

Obst	Jan	Feb	Mar	Apr	Mai	Jun	Jul	Aug	Sep	Okt	Nov	Dez
Apfel	●	●	●	●				●	●	●	●	●
Orange	●	●	●	●	●	●					●	●
Birne								●	●	●	●	●
Erdbeere					●	●	●					
Pflaume							●	●	●	●		
Weintraube							●	●	●	●		

Backform vorbereiten

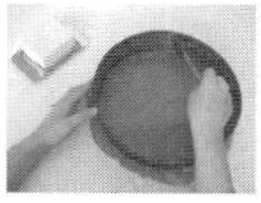

1. Mit Backpapier auskleiden
2. Mit Butter bestreichen
3. Bemehlen oder mit Paniermehl/Semmelbrösel bestreuen

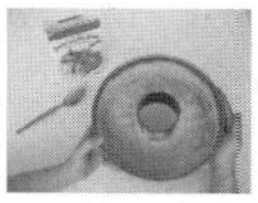
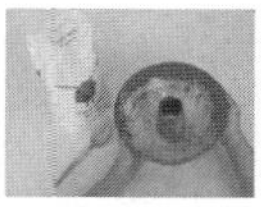

Äpfel vorbereiten

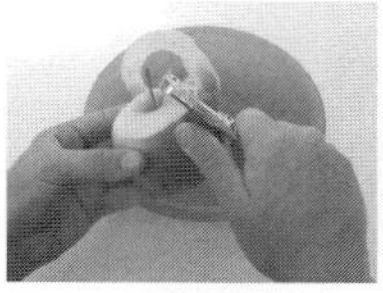
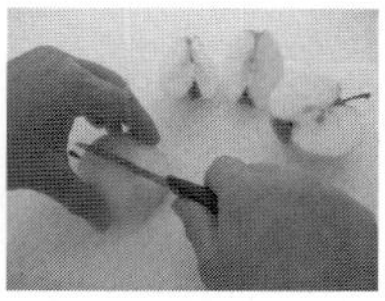
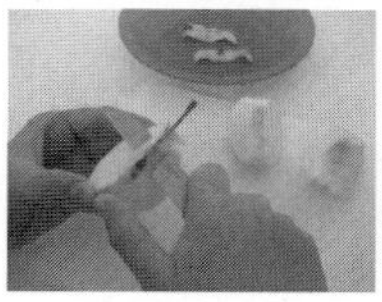
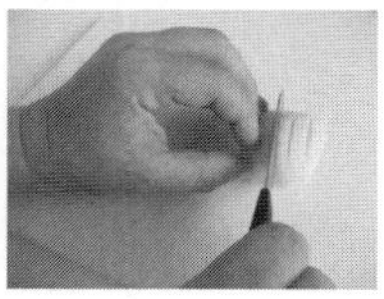

Rührteig herstellen

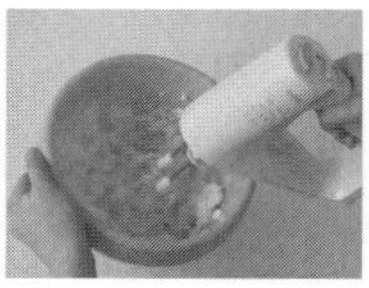

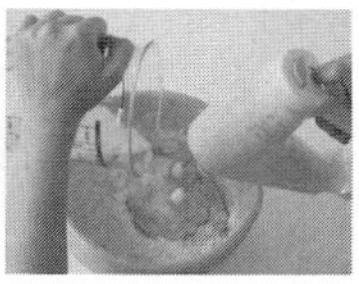

1. Zutaten abwiegen, abmessen
2. Schaummasse rühren
   - Fett schaumig rühren
   - Zucker und Eier zugeben, schaumig rühren
3. Mehl sieben
4. Trockene Zutaten und Milch kurz unterrühren

Apfelschlupfkuchen herstellen

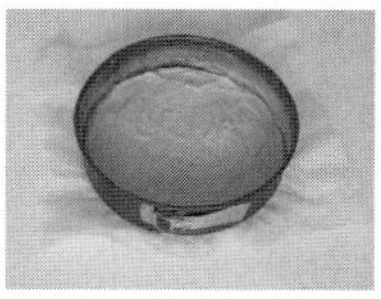
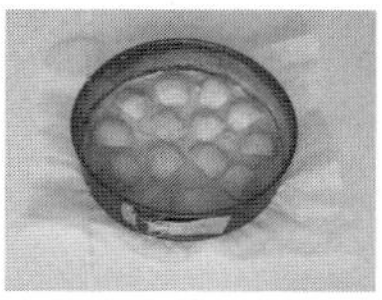

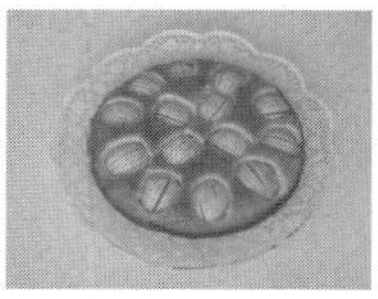

Apfelschlupfkuchen
(Grundrezept Rührteig)

Der Rührteig wird auch noch Rührmasse genannt. Er ist ein einfacher Teig, der sich leicht zubereiten lässt. Durch die Zugabe von verschiedenen Geschmackszutaten oder Obst kann er leicht abgewandelt werden.

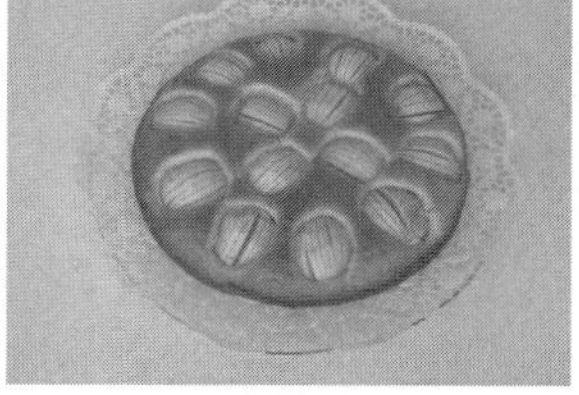

Gang

Schwierigkeitsgrad

Garmachungsart

Einsatzmöglichkeiten der Bildkartei im Unterricht

Selbstständiges Arbeiten mit einem Rezept

- *Rezeptkarte: farbige Vorderseite*
  (Einzelarbeit/Partnerarbeit/Gruppenarbeit)
  Anhand der sechs Arbeitsschritte als Bildrezept können die Schüler die wichtigsten bzw. schwierigsten Arbeitsschritte erkennen und erhalten wichtige Hinweise für die Herstellung des Gerichts.
  Hierzu sind auch nur die wichtigsten Schritte abgebildet, sodass der Schüler nicht verwirrt wird.
- *Rezeptkarte: einfarbige Rückseite mit Rezept in Tabellenform*
  (Einzelarbeit/Partnerarbeit/Gruppenarbeit)
  Anhand des Rezepts in Textform können die Schüler selbstständig einen Einkaufszettel schreiben und das Rezept herstellen. Lesekompetenz wird motivierend erworben.

Sicherung

- Nach einer Schüler- oder Lehrervorarbeit dienen die Rezeptkarten als Sicherung am Arbeitsplatz.
- Bei Wiederholungsrezepten können Schüler mithilfe dieser Rezeptkarten Gerichte selbstständig herstellen.

Differenzierung

Leistungsstarke Schüler können mit der Rezeptkarte auch neue Rezepte kennenlernen oder zusätzliche Gerichte herstellen.
Leistungsschwächere Schüler können mithilfe der Rezeptkarte die einzelnen Arbeitsschritte nochmals verinnerlichen und diese dann bei der Herstellung selbstständiger durchführen.

Projektorientiertes Arbeiten

Schüler sollen in einem kompetenzorientierten Unterricht befähigt werden, im Team geeignete Menüfolgen mit angemessenem Schwierigkeitsgrad zusammenzustellen. Sie sollen ihre eigenen Fähigkeiten und die Fähigkeiten ihrer Teammitglieder einschätzen können und Gerichte auswählen, die sie in der vorgegebenen Zeit herstellen können.

Aufbewahrung der Fotokarten

Um die Haltbarkeit der Bildkarten zu gewährleisten, wäre es sehr wichtig, dass die Karten laminiert werden. Sie sind von der Größe her so konzipiert, dass jeweils zwei Fotokarten in eine DIN-A4-Laminiertasche mit genügend Abstand passen, damit eine geschlossene Laminierfolienkante auf allen vier Seiten der Fotokarte nach dem Schneiden vorhanden ist. So kann keine Feuchtigkeit eindringen.

Es empfiehlt sich, die Bildkartei „Hauswirtschaft in Bildern – Rezepte“ in einer stabilen Heftbox DIN A5 aufzubewahren, damit keine Karten verloren gehen oder beschädigt werden.

Sollten Sie auch Fotoboxen mit weiteren Themen, z. B. Gemüse, Obst, Garmachungsarten, Backen etc. besitzen, können Sie alle Fotoboxen gemeinsam in einem Karteikasten aufbewahren. Boxen für die Größe DIN A5 sind in verschiedenen Ausführungen erhältlich, z. B. in Kunststoff oder Holz und variieren im Preis zwischen 2 € und 40 €.

2 Medien

Symbole der Garmachungsarten

	Garmachungsart: Kochen	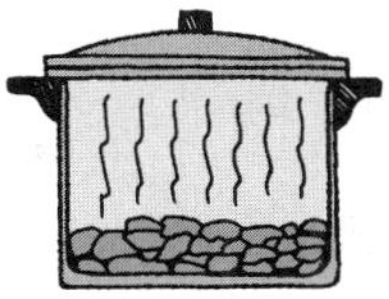	Garmachungsart: Dünsten
	Garmachungsart: Druckgaren		Garmachungsart: Braten in der Pfanne
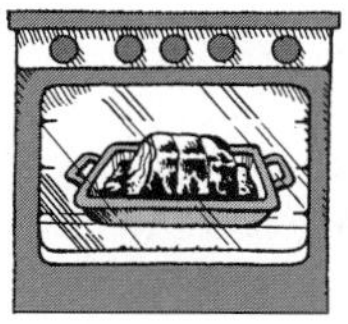	Garmachungsart: Braten im Backofen		Garmachungsart: Backen im Backofen

Symbole der Schwierigkeitsgrade

Symbol	Schwierigkeitsgrad	Beispiele
	sehr einfach	z. B. Nudeln, Reis, Kopfsalat, Gurkensalat, Gemüse, Apfelmus, Obstsalat usw.
	einfach	z. B. Gemüsecremesuppe, Karottenrohkost, Salzkartoffeln, Bratkartoffeln, Rahmgeschnetzeltes, Auflauf
	schwierig	z. B. Grieklößchensuppe, Kartoffelpüree, Pizza, Frikadellen, Wiener Schnitzel, Apfelschlupfkuchen, Obstkuchen
	sehr schwierig	z. B. Spätzle, Semmelknödel, Apfelstrudel, Biskuitrolle, Nussschnecken, Apfeltaschen, Mousse au Chocolat

Abkürzungen in den Rezepten

TL	Teelöffel	**Bd.**	Bund	**Pr.**	Prise
EL	Esslöffel	**P.**	Päckchen	**Msp.**	Messerspitze
Sch.	Scheibe	**LM**	Lebensmittel	**St.**	Stück
kg	Kilogramm	**l**	Liter	**ml**	Milliliter

Legespiel „Gänge eines Menüs"

Hinweis:

Symbol	Gang	Beispiel	Farbe der Rezeptkarten
	**Suppe**	• Wurzelbrühe • Grießklößchensuppe • Gemüsecremesuppe	lila
	**Salat**	• Kopfsalat • Gemischter Salat • Gurkensalat • Kartoffelsalat	hellgrün
	**Sättigungs-beilage**	• Nudeln • Reis • Spätzle • Semmelknödel • Kartoffeln	blau
	**Gemüse-beilage**	• Gekochtes Gemüse • Gedünstetes Gemüse	dunkelgrün
	**Fleisch-gericht**	• Frikadellen/Fleisch-pflanzerl • Wiener Schnitzel • Schnitzel natur • Rahmgeschnetzeltes	rot
	**Fisch-gericht**	• Forelle nach Müllerin Art • Überbackene Fischschnitzel	orange
	**Kuchen Gebäck**	• Apfelschlupfkuchen • Obstkuchen • Biskuitrolle • Plätzchen • Apfelstrudel	braun
	**Nachtisch**	• Einfache Creme • Pudding • Apfelmus • Mousse au Chocolat	gelb
	**Getränke**	• Tee • Obst-Milchshake • Cocktail	rosa

Legespiel „Garmachungsarten"

Garmachungsarten		
Symbol	**Definition**	**Rezepte**
Kochen 	**Definition:** Garen in reichlich Flüssigkeit bei ca. 100°C	**Rezepte:** • Nudeln • Gemüse • Semmelknödel • Reis • Kartoffeln • Spätzle • Tee
Druckgaren 	**Definition:** Garen durch Wasserdampf und Druck bei Temperaturen von 105 – 120°C	**Rezepte:** • Pellkartoffeln • Salzkartoffeln • Rinderrouladen • Wurzelbrühe • Gefüllte Paprikaschoten • Gulasch
Braten (Backofen) 	**Definition:** Garen im Backofen in heißer Luft und mit heißem Fett bei ca. 200 – 220°C	**Rezepte:** • Hackbraten • Schweinebraten • Rinderbraten • Hähnchen • Rollbraten
Dünsten 	**Definition:** Garen im eigenen Saft mit wenig Fett und wenig Flüssigkeit bei ca. 100°C	**Rezepte:** • Karotten • Reis • Gemüse • Fisch
Braten (Pfanne) 	**Definition:** Garen in der Pfanne in heißem Fett bei ca. 120 – 180°C	**Rezepte:** • Frikadellen/Fleischpflanzerl • Forelle nach Müllerin Art • Schnitzel • Rahmgeschnetzeltes • Bratkartoffeln
Backen (Backofen) 	**Definition:** Garen im Backofen bei heißer Luft bei ca. 120 – 250°C	**Rezepte:** • Apfelschlupfkuchen • Biskuitboden • Apfelstrudel • Auflauf • Lasagne • Windbeutel • Hefezopf

Domino „Gänge eines Menüs“

Hinweise für die Herstellung:
- Kopiervorlage auf DIN A3 vergrößern
- Auf Tonpapier kopieren und laminieren
- Domino in einem Umschlag oder in einer Schachtel aufbewahren

Spielanleitung: Man beginnt mit dem Startstein. Nun muss man den passenden Textstein zu dem Bild mit Zutaten oder Kuchen finden und daneben legen. Der letzte Stein muss der Endstein sein.

Methodische Hinweise:
- Einsatz als Gesamtzusammenfassung
- Einsatz in offenen Unterrichtsphasen

Gänge eines Menüs **Start ➔**		**Suppe** = warme, flüssige bis breiige Speise, die als Vorspeise serviert wird	
Salat = Speise, die aus rohem oder gekochtem Gemüse besteht und als Vorspeise serviert wird		**Sättigungsbeilage** = Beilage zu einem Hauptgericht, die aus Nudeln, Reis oder Kartoffeln besteht	
Gemüsebeilage = Beilage zu einem Hauptgericht, die aus kohlenhydratarmem Gemüse besteht	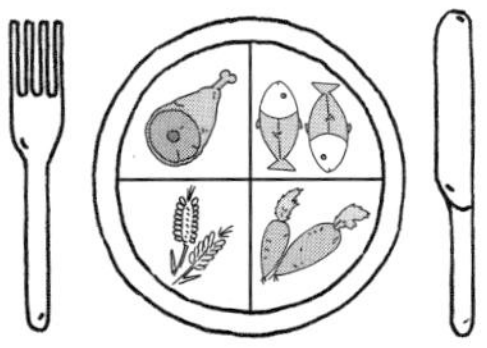	**Hauptspeise** = wichtigster Gang in einem Menü, der aus 2 – 3 Gerichten besteht, z. B. Fleisch/Fisch + Sättigungsbeilage + Gemüsebeilage	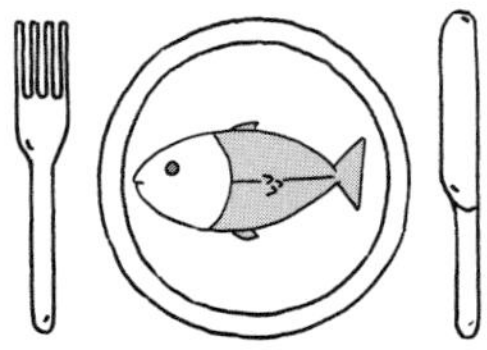
Fisch = Bestandteil einer Hauptspeise, die aus Fisch besteht, z. B. Forelle nach Müllerin Art usw.	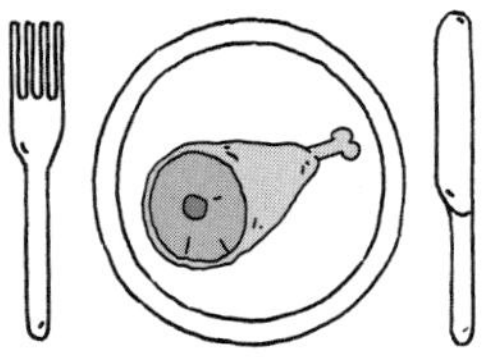	**Fleisch** = Bestandteil einer Hauptspeise, die aus Fleisch besteht, z. B. Schnitzel, Gulasch	
Nachspeise = kalte oder warme Süßspeise, die nach dem Hauptgang serviert wird	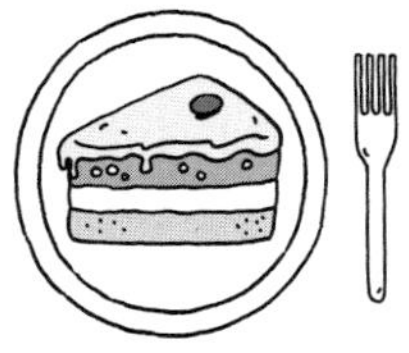	**Kuchen/Gebäck** = meist süße Backware, die am Ende eines Menüs mit Kaffee serviert wird	**Gänge eines Menüs** **➔ Ende**

Name:	Klasse:	Datum:	Fach:	Nr.:

Wir stellen ein Menü zusammen

Aufgabe:

1. Lies die Regeln für die Menüzusammenstellung durch.
2. Stelle mithilfe der Rezeptkarten ein Menü mit ______ Gängen zusammen.
3. Du musst mindestens ______ Sterne bei der Menüzusammenstellung haben.

Regeln für das Zusammenstellen eines Menüs:
- Bedenke den Anlass bzw. das Motto des Menüs.
- Plane aufeinanderfolgende Gerichte, die abwechslungsreich sind und miteinander optisch und geschmacklich harmonieren.
- Berücksichtige den wirtschaftlichen Faktor bei der Speisenauswahl. Das Menü darf nicht mehr kosten, als dir Geld zur Verfügung steht.
- Berücksichtige die Zeit, die dir für das Herstellen des Menüs zur Verfügung steht.
- Berücksichtige den Schwierigkeitsgrad bei der Auswahl der Gerichte: ★ = einfach bis zu ★★★★ = sehr schwierig

Menüfolge

Gang	Symbol	Rezept	Schwierigkeitsgrad
Suppe			
Salat			
Hauptspeise: • Fleisch oder Fisch • Sättigungsbeilage • Gemüsebeilage	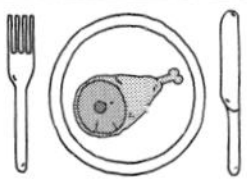		

Nachspeise			
Kuchen/ Gebäck	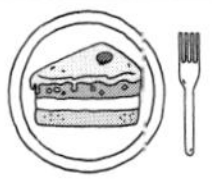		
		Punkte (= Summe der Sterne)	

Bedenke:
- Wählst du zu einfache Gerichte aus, bekommst du nur wenig Punkte!
- Wählst du zu schwierige Gerichte, wirst du evtl. nicht fertig und bekommst gar keine Punkte!

Name:	Klasse:	Datum:	Fach:	Nr.:

Wurzelbrühe

Menge	Zutaten	Zubereitung
1 2 ¼ 1 St. etwas ½ TL 2 l	Zwiebel mit Schale Karotten Sellerie Lauch Petersilie, Liebstöckel Salz Pfefferkörner Wasser	1. Gemüse putzen, waschen und grob zerkleinern 2. Gemüse und Kräuter andünsten 3. Wasser aufgießen 4. Brühe kochen lassen **Garzeit:** ca. 10 Min. (im Schnellkochtopf) 5. Wurzelbrühe durch ein Sieb gießen 6. Wurzelbrühe nach Belieben weiterverarbeiten

1. Wurzelgemüse andünsten

2. Wasser aufgießen

3. Garen

4. Wurzelbrühe abseihen

Grießklößchen/Grießnockerl
(Suppeneinlage)

Menge	Zutaten	Zubereitung
1 GR	Wurzelbrühe	1. Wurzelbrühe herstellen (siehe Rezept Wurzelbrühe)
 40 g 60 g 1 ¼ TL 2 Pr.	<u>Grießklößchenteig:</u> Butter Grieß Ei Salz Muskat Schnittlauch	2. Butter schaumig rühren, Grieß, Ei und Gewürze zugeben und Teig quellen lassen 3. Suppeneinlage formen und in die kochende Brühe einlegen: Grießnockerl mit 2 Löffeln formen, Grießklößchen rollen <u>Tipps:</u> • Löffel vorher in die heiße Brühe eintauchen, so bleibt kein Klößchenteig kleben • Probeklößchen einlegen. Zerfällt das Klößchen, etwas mehr Grieß zum Teig geben 4. Grießklößchen in der Suppe köcheln lassen **Garzeit:** ca. 20 Min. 5. Suppe anrichten, mit Schnittlauch garnieren

1. Butter schaumig rühren

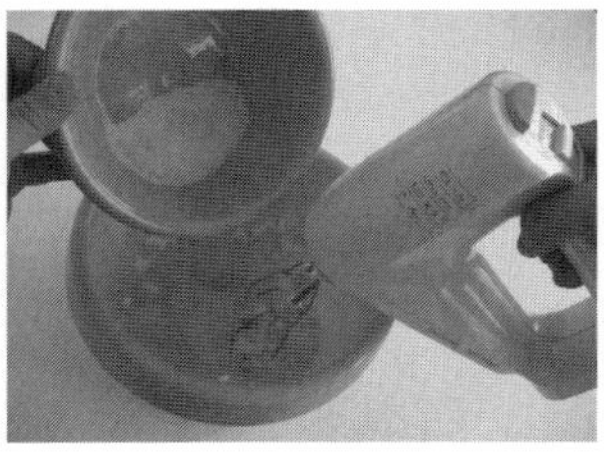

2. Grieß und Ei unterrühren

3. Nockerl formen, einlegen

4. Suppe anrichten, garnieren

Name:	Klasse:	Datum:	Fach:	Nr.:

Gemüsecremesuppe

Menge	Zutaten	Zubereitung
500 g	Gemüse, z. B. Kartoffeln, Lauch, Karotten, Spinat usw.	1. Gemüse putzen, waschen und in Würfel schneiden 2. Zwiebel in Würfel schneiden
1 EL	Öl oder Butter	3. Fett in einem Topf erhitzen und Zwiebeln glasig dünsten
1	Zwiebel	4. Gemüse zugeben und mitdünsten
½ – ¾ l	Brühe	5. Brühe aufgießen und kochen lassen
etwas	Salz, Pfeffer	**Garzeit:** ca. 15 – 20 Min.
2 EL	Sahne	6. Suppe pürieren und abschmecken
1 EL	frische Kräuter	7. Suppe mit Sahne und frischen Kräutern verfeinern

1. Gemüse andünsten

2. Brühe aufgießen

3. Suppe kochen

4. Suppe pürieren

Blumenkohlcremesuppe

Menge	Zutaten
½	Blumenkohl
1 EL	Butter
2 EL	Mehl
¾ l	Brühe
1 B.	Sahne
1 Pr.	Salz, Pfeffer
etwas	Kerbel oder Petersilie

Tomatencremesuppe

Menge	Zutaten
1	Zwiebel
1	Karotte
4	Fleischtomaten
1 EL	Öl
¾ l	Brühe
½ B.	Schlagsahne
1 Pr.	Salz, Pfeffer
1 Pr.	Zucker

Brokkolicremesuppe

Menge	Zutaten
400 g	Brokkoli
1	Zwiebel
1	Karotte
3	Kartoffeln
1 EL	Öl
½ l	Brühe
¼ l	Milch
½ B.	Sahne
50 g	Käse

Kürbiscremesuppe

Menge	Zutaten
500 g	Kürbisfleisch
1	Zwiebel
1 TL	Ingwer
½ – ¾ l	Brühe
1 Pr.	Salz, Pfeffer
1 TL	Zitronensaft
½ B.	Sahne

Rote-Bete-Cremesuppe

Menge	Zutaten
400 g	Rote Bete
¾ l	Brühe
1 TL	Majoran
1 Pr.	Salz, Pfeffer
2 EL	Essig
3 EL	Crème fraîche

Karottencremesuppe

Menge	Zutaten
500 g	Karotten
1	Zwiebel
¼ l	Brühe
1 D.	Kokosmilch
½	Orange (Saft)
1 Pr.	Salz, Pfeffer

Name:	Klasse:	Datum:	Fach:	Nr.:

Essig-Öl-Marinade

Menge	Zutaten	Zubereitung
2 EL ½ TL ¼ TL 2 Pr. 2 EL	Essig Salz Zucker Pfeffer Öl evtl. Kräuter Senf, Zwiebel	1. Kräuter waschen, zupfen, fein wiegen 2. Essig, Öl, Gewürze und Kräuter gut miteinander verrühren 3. Salat marinieren <u>Geeignet für:</u> Blattsalate, Krautsalat

Joghurtmarinade

Menge	Zutaten	Zubereitung
2 EL ½ ¼ TL 2 Pr. 4 EL	Joghurt Zitrone (Saft) Salz Zucker Kräuter, z. B. Dill, Schnittlauch, Petersilie evtl. Zwiebeln, Meerrettich, Mayonnaise	1. Kräuter waschen, zupfen, fein wiegen 2. Joghurt, Zitronensaft, Gewürze und Kräuter gut miteinander verrühren 3. Salat marinieren <u>Geeignet für:</u> Rohkostsalate, Gurkensalat, Nudelsalat

Marinade für gekochte Salate

Menge	Zutaten	Zubereitung
4–6 EL ⅛ – ¼ l ¼ TL ¼ TL evtl. 1 kl. evtl. 1 TL 2–3 EL 1 EL	Essig Brühe Salz Zucker Zwiebel Senf Öl Petersilie	1. Essig, heiße Brühe, Salz und Zucker gut miteinander verrühren 2. evtl. Zwiebel in Würfel schneiden und zugeben 3. Heiße Marinade zu den noch warmen Kartoffeln/Gemüse geben 4. Salat zugedeckt ziehen lassen 5. Öl zugeben und durchmischen 6. Salat pikant abschmecken und anrichten <u>Geeignet für:</u> Kartoffelsalat, gek. Karottensalat

Name:	Klasse:	Datum:	Fach:	Nr.:

Blattsalat

Menge	Zutaten	Zubereitung
1	Blattsalat	1. Salatblätter vom Strunk lösen
	Essig-Öl-Marinade:	2. Salat in stehendem Wasser kurz waschen, abtropfen lassen
2 EL	Essig	
½ TL	Salz	3. Salat putzen und in mundgerechte Stücke teilen
¼ TL	Zucker	
2 Pr.	Pfeffer	4. Alle Zutaten der Marinade gut miteinander verrühren
2 EL	Öl	
	evtl. Kräuter, Senf, Zwiebel	5. Salat kurz vor dem Servieren marinieren

1. Blattsalat waschen

2. Blattsalat in mundgerechte Stücke zerteilen

3. Marinade herstellen

4. Salat marinieren

Gemischter Salat

Menge	Zutaten	Zubereitung
1	Blattsalat	1. Salatblätter vom Strunk lösen
2	Tomaten	2. Salat in stehendem Wasser waschen, abtropfen lassen
½	Gurke	3. Salat putzen und in mundgerechte Stücke teilen
1	Karotte	4. Tomaten und Gurken schneiden
	Essig-Öl-Marinade:	5. Karotte schälen und raspeln
2 EL	Essig	6. Evtl. Zwiebel und Kräuter schneiden
½ TL	Salz	
¼ TL	Zucker	
2 Pr.	Pfeffer	7. Alle Zutaten der Marinade gut miteinander verrühren
2 EL	Öl	
	evtl. Kräuter, Senf, Zwiebel	8. Salat kurz vor dem Servieren marinieren

1. Salat waschen

2. Weiteres Gemüse vorbereiten

3. Marinade herstellen

4. Salat marinieren

Name:	Klasse:	Datum:	Fach:	Nr.:

Gurkensalat

Menge	Zutaten	Zubereitung
1	Gurke	1. Gurke waschen, schälen und hobeln
	Joghurtmarinade:	
1 B.	Joghurt	2. Alle Zutaten der Marinade gut miteinander verrühren
2 EL	Zitronensaft	
½ TL	Salz	3. Gurkensalat erst kurz vor dem Servieren marinieren
¼ TL	Zucker	
1 EL	Dill	4. Gurkensalat mit frischem Dill anrichten
½	Zwiebel	

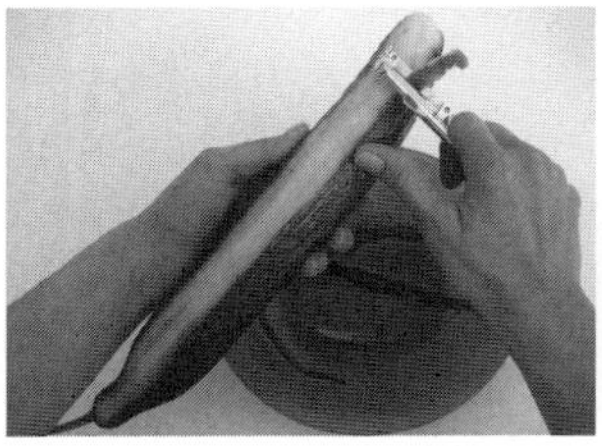
1. Gurke schälen

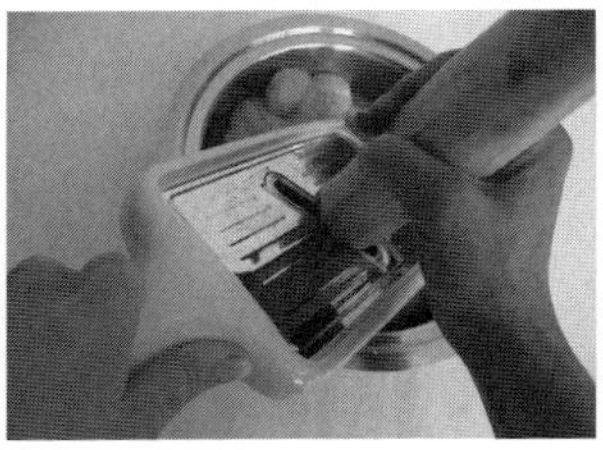
2. Gurke hobeln

3. Marinade herstellen

4. Salat marinieren und anrichten

Karottenrohkost

Menge	Zutaten	Zubereitung
300 g	Karotten	1. Karotten waschen, schälen und raspeln
2	Äpfel	2. Äpfel waschen, schälen und raspeln
1 EL	Zitronensaft	3. Äpfel mit Zitronensaft beträufeln
	Joghurtmarinade:	
1 B.	Joghurt	4. Alle Zutaten der Marinade gut miteinander verrühren
2 EL	Zitronensaft	
½ TL	Salz	5. Salat kurz vor dem Servieren marinieren
etwas	Zucker	
	Pfeffer	6. Salat anrichten und evtl. mit Nüssen bestreuen
	Nüsse (geh.)	

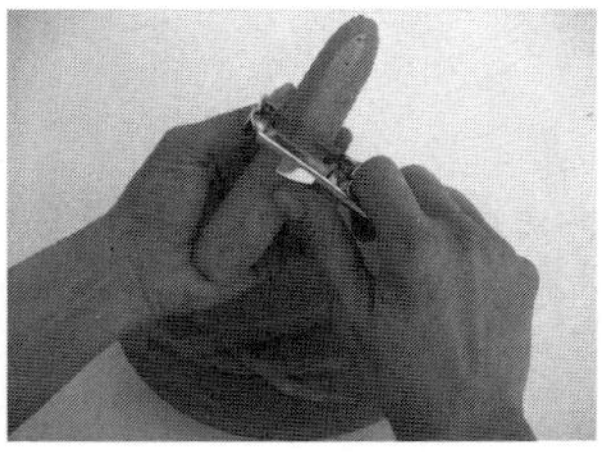
1. Karotten schälen

2. Karotten raspeln

3. Marinade herstellen

4. Salat marinieren

Name:	Klasse:	Datum:	Fach:	Nr.:

Tomate-Mozzarella

Menge	Zutaten	Zubereitung
3	Tomaten	1. Tomaten waschen, Strunk entfernen und in gleichmäßige Scheiben schneiden
2	Mozzarella	2. Mozzarella in gleichmäßige Scheiben schneiden
		3. Tomaten und Mozzarella im Wechsel schuppenartig anrichten
	<u>Balsamico-Dressing:</u>	
2 EL	Balsamicoessig	4. Alle Zutaten der Marinade gut miteinander verrühren
½ TL	Salz	
1 Pr.	Zucker	5. Tomate-Mozzarella erst kurz vor dem Servieren marinieren
etwas	Pfeffer	
4 EL	Olivenöl	
	frisches Basilikum	6. Tomate-Mozzarella mit frischem Basilikum anrichten

1. Strunk entfernen

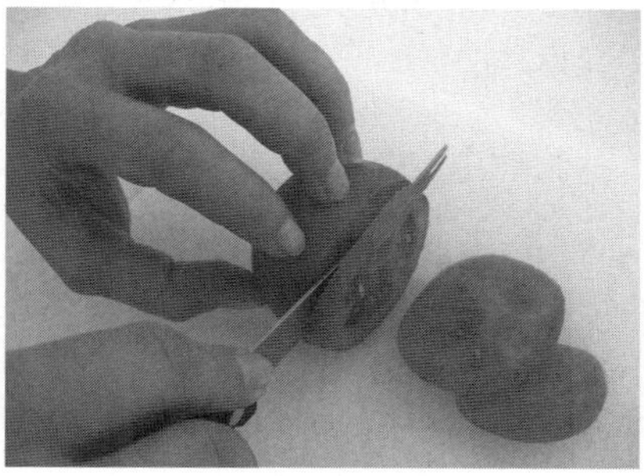

2. Tomaten in Scheiben schneiden

3. Mozzarella in Scheiben schneiden

4. Tomaten und Mozzarella schuppenartig anrichten

5. Marinade herstellen

6. Tomate-Mozzarella marinieren, garnieren

Name:	Klasse:	Datum:	Fach:	Nr.:

Nudelsalat

Menge	Zutaten	Zubereitung
250 g	Nudeln	1. Nudeln kochen, abseihen, abschrecken und erkalten lassen
2	Tomaten	2. Gemüse schneiden und zu den kalten Nudeln geben
2	Essiggurken	
1	Paprika (gelb)	
½	Zwiebel	3. Schinken und Käse fein würfeln
2 EL	Mais/Erbsen	
2 Sch.	Schinken	4. Marinade herstellen
2 Sch.	Käse	5. Nudelsalat marinieren und kühlen
	<u>Marinade zur Wahl:</u>	6. Nudelsalat vor dem Servieren nochmals durchmischen und abschmecken
	• Joghurt • Essig-Öl	7. Nudelsalat mit frischen Kräutern anrichten

1. Nudeln kochen

2. Nudeln abseihen und abschrecken

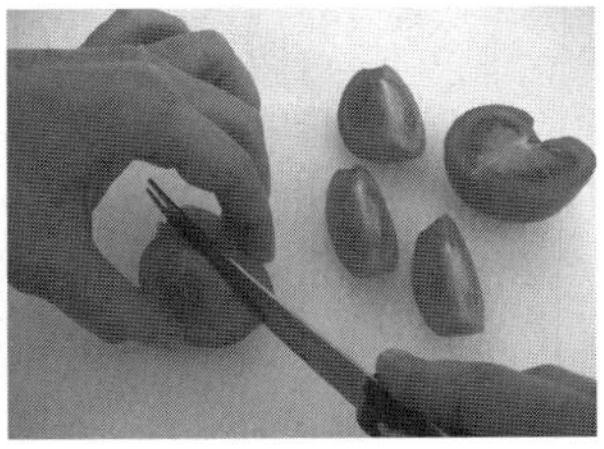

3. Weitere Zutaten schneiden

4. Nudelsalat marinieren

Kartoffelsalat

Menge	Zutaten	Zubereitung
750 g	Kartoffeln (festkochend)	1. Kartoffeln waschen, kochen oder dämpfen
		2. Kartoffeln pellen und schneiden
	<u>Marinade (gek. Salate):</u>	
4–6 EL	Essig	3. Essig, heiße Brühe, Salz und Zucker gut miteinander verrühren
⅛–¼ l	Brühe	
¼ TL	Salz	4. Evtl. Zwiebel in Würfel schneiden und zugeben
¼ TL	Zucker	5. Heiße Marinade zu den noch warmen Kartoffeln geben
evtl. 1 kl.	Zwiebel	6. Salat zugedeckt ziehen lassen
		7. Petersilie wiegen
2–3 EL	Öl	8. Öl zugeben und durchmischen
½ Bd.	Petersilie	9. Salat pikant abschmecken und anrichten, mit Petersilie garnieren

1. Kartoffeln garen

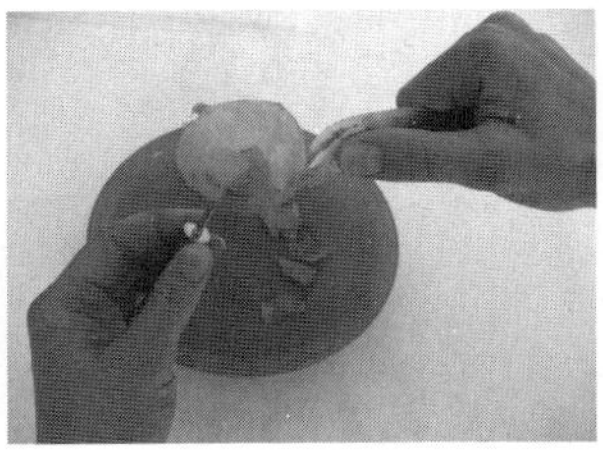

2. Kartoffeln pellen

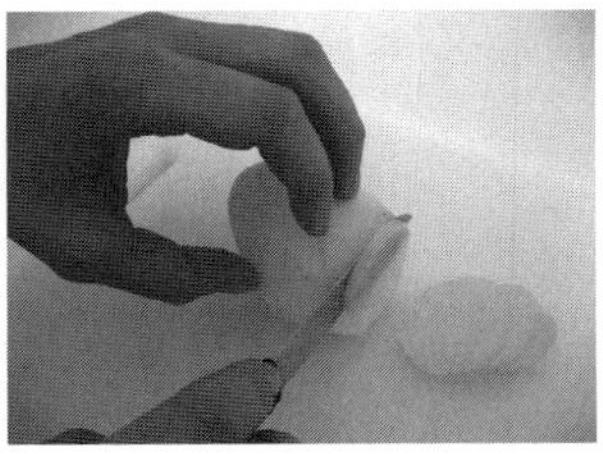

3. Kartoffeln schneiden

4. Salat marinieren

Name:	Klasse:	Datum:	Fach:	Nr.:

Gekochter Reis

Menge	Zutaten	Zubereitung
viel 1 Tasse ½ TL	Wasser Reis Salz	1. Wasser erhitzen 2. Reis abmessen, waschen 3. Salz und Reis zugeben 4. Reis kochen **Garzeit:** 20 Min. 5. Reis abseihen, würzen und anrichten

1. Wasser einfüllen

2. Wasser erhitzen

3. Reis zugeben, 20 Min. kochen

4. Reis abseihen

Gedünsteter Reis

Menge	Zutaten	Zubereitung
1 Tasse 1 1–2 EL 2 Tassen 1 TL	Reis Zwiebel Öl oder Butter Wasser Brühe Salz, Pfeffer frische Kräuter	1. Reis abmessen, waschen 2. Zwiebel in feine Würfel schneiden 3. Fett erhitzen 4. Reis und Zwiebel glasig dünsten 5. Wasser aufgießen 6. Reis zum Kochen bringen, Deckel schließen, zurückschalten 7. Reis dünsten **Garzeit:** 20 Min. 8. Reis abschmecken, mit Kräutern garnieren

1. Fett erhitzen

2. Reis und Zwiebeln glasig dünsten

3. Wasser zugeben

4. Topf schließen, zurückschalten

Name:	Klasse:	Datum:	Fach:	Nr.:

Salzkartoffeln

Menge	Zutaten	Zubereitung
750 g	Kartoffeln	1. Kartoffeln waschen, schälen und vierteln 2. Kartoffeln in den Dämpfeinsatz des Dampfdrucktopfes füllen
¼ l	Wasser	3. ¼ l Wasser zugeben 4. Kartoffeln unter Druck garen **Garzeit:** zweiter Ring, ca. 12–15 Min.
etwas	Salz	5. Kartoffeln salzen
1 EL	frische Kräuter	6. Salzkartoffeln mit frischen Kräutern anrichten

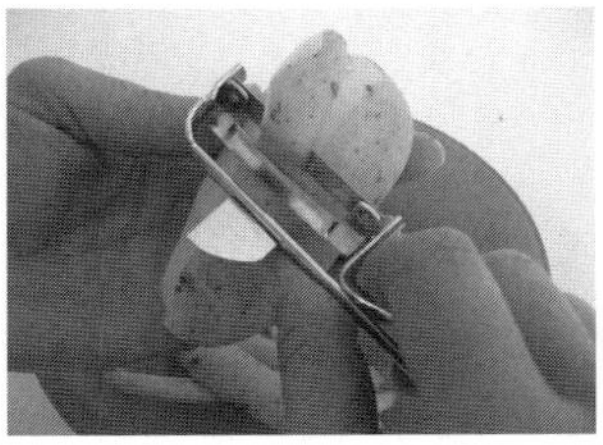

1. Kartoffeln schälen

2. Kartoffeln und ¼ l Wasser einfüllen

3. Kartoffeln garen

4. Schnellkochtopf öffnen

Pellkartoffeln

Menge	Zutaten	Zubereitung
750 g	Kartoffeln	1. Kartoffeln waschen, evtl. mit der Bürste reinigen 2. Kartoffeln in den Dämpfeinsatz des Dampfdrucktopfes füllen
¼ l	Wasser	3. ¼ l Wasser zugeben 4. Kartoffeln unter Druck garen **Garzeit:** zweiter Ring, ca. 12–15 Min. 5. Kartoffeln pellen
etwas	Salz	6. Kartoffeln salzen

1. Kartoffeln und ¼ l Wasser einfüllen

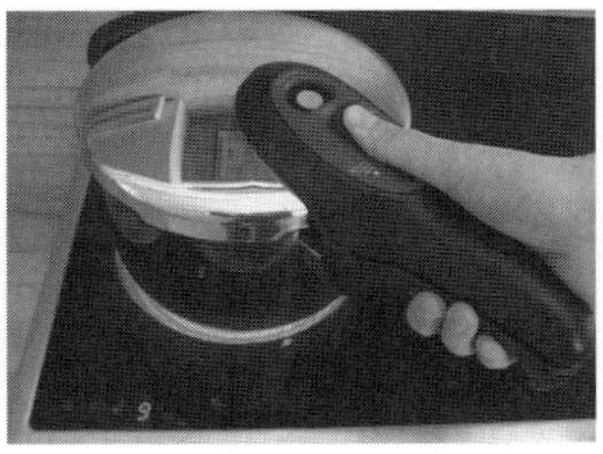

2. Kartoffeln garen

3. Schnellkochtopf öffnen

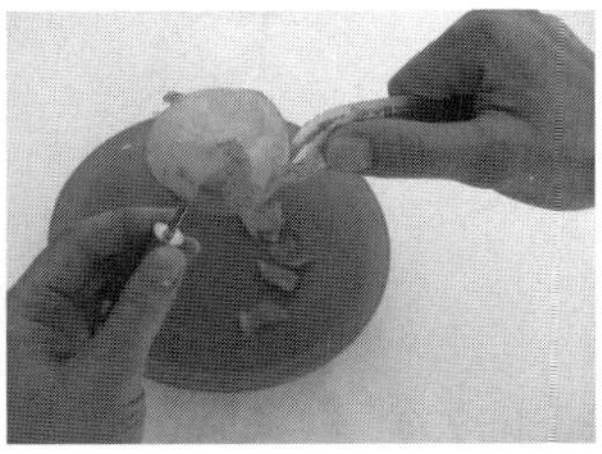

4. Kartoffeln pellen

Name:	Klasse:	Datum:	Fach:	Nr.:

Bratkartoffeln

Menge	Zutaten	Zubereitung
500 g 40 g	rohe Kartoffeln Fett	1. Kartoffeln waschen, schälen, in Scheiben schneiden 2. Fett erhitzen 3. Kartoffeln anbraten 4. Deckel schließen, zurückschalten **Garzeit:** 15 – 20 Min. 5. Deckel öffnen, bei guter Hitze unter Wenden braten bis sie braun sind **Garzeit:** 5 – 10 Min.
1 Pr. ½ TL etwas	Salz Kümmel Petersilie	6. Mit Salz und Kümmel würzen 7. Anrichten, evtl. mit Petersilie garnieren

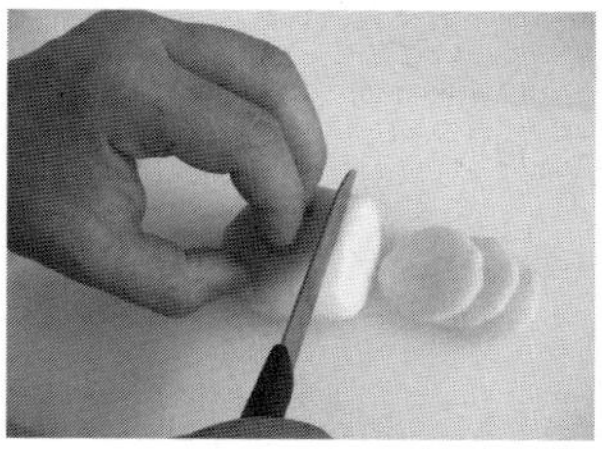

1. Kartoffeln schälen, schneiden

2. Kartoffeln anbraten

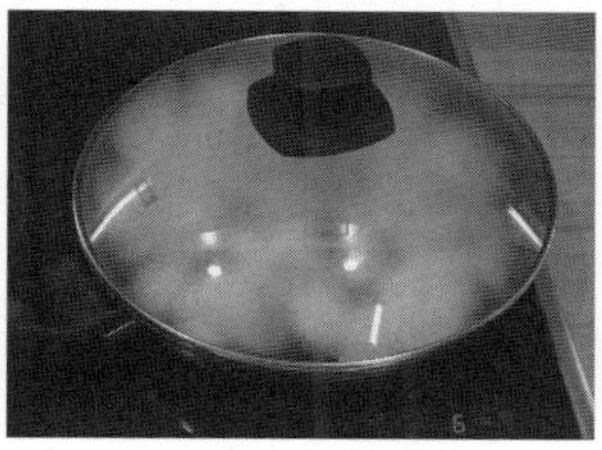

3. Zugedeckt braten

4. Noch einmal offen braten, würzen

Kartoffelpüree

Menge	Zutaten	Zubereitung
800 g ¼ l	Kartoffeln (mehlig kochend) Wasser	1. Kartoffeln schälen, vierteln 2. Salzkartoffeln kochen oder dämpfen **Garzeit:** • ca. 10 – 20 Min im Dampfdrucktopf • ca. 30 – 45 Min. im normalen Topf
250 ml ¼ TL 1 Pr. 1 EL 1 EL	Milch (heiß) Salz Muskat Butter frische Kräuter	3. Kartoffeln abseihen und durchpressen 4. Heiße Milch, Salz, Muskat und Butter zugeben und mit dem Handrührgerät kurz verrühren 5. Kartoffelpüree mit frischen Kräutern anrichten

1. Salzkartoffeln garen

2. Kartoffeln durchpressen

3. Heiße Milch zugeben, rühren

4. Anrichten

Name:	Klasse:	Datum:	Fach:	Nr.:

Spätzle

Menge	Zutaten	Zubereitung
viel	Wasser	1. Wasser in einem weiten Topf zum Kochen bringen
1 TL	Salz	2. Zutaten für die Spätzle mit dem Handrührgerät und den Knethaken zu einem Teig verarbeiten
300 g	Mehl	3. Spätzle ins kochende Wasser schaben, pressen oder hobeln **Garzeit:** 2–4 Min.
200 ml	Wasser	4. Spätzle herausnehmen und abschrecken
3	Eier	5. Spätzle gut abtropfen lassen, in heißer Butter schwenken und anrichten
1 Pr.	Salz	
1 EL	Butter	

1. Teig herstellen

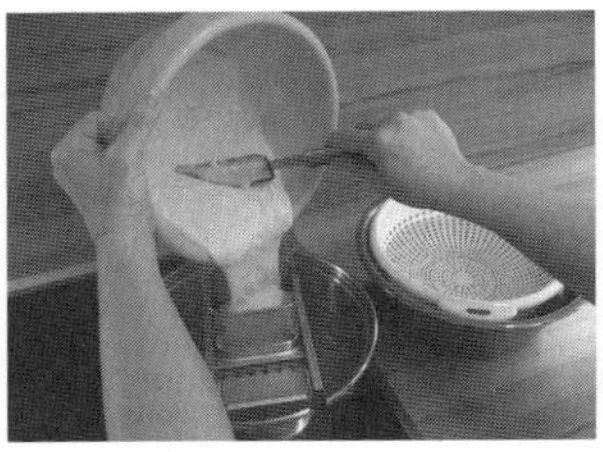

2. Teig einfüllen

3. Spätzle hobeln

4. Spätzle herausnehmen

Semmelknödel

Menge	Zutaten	Zubereitung
viel	Wasser	1. Wasser in einem weiten Topf zum Kochen bringen
1 kl.	Zwiebel	2. Zwiebel in feine Würfel schneiden
1 EL	Petersilie	3. Petersilie waschen und fein hacken
1 EL	Öl	4. Zwiebeln und Petersilie andünsten
8	alte Brötchen (Semmeln)	5. Brötchen (Semmeln) in feine Scheiben schneiden
ca. ¼ l	Milch	6. Lauwarme Milch über die geschnittenen Brötchen geben
2	Eier	7. Alle Zutaten zu einem Teig verarbeiten
etwas	Salz	8. Gleichmäßig große Knödel mit nassen Händen formen
		9. Knödel in siedendes Wasser einlegen und garziehen **Garzeit:** ca. 20 Min.
		10. Knödel abseihen, anrichten

1. Brötchen mit Milch übergießen

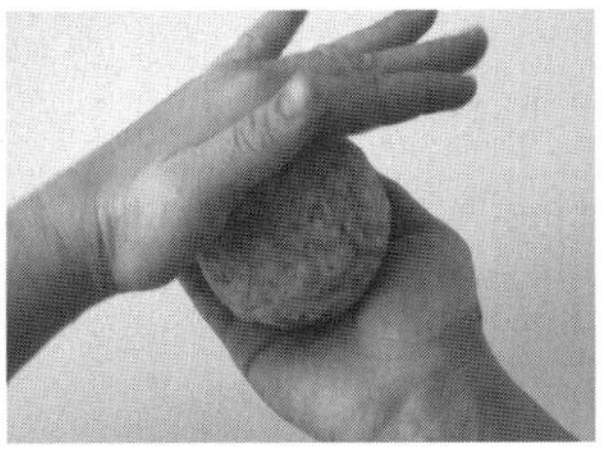

2. Knödel formen

3. In siedendes Wasser einlegen

4. Knödel abseihen und anrichten

Name:	Klasse:	Datum:	Fach:	Nr.:

Brötchen

Menge	Zutaten	Zubereitung
300 g 20 g ½ TL	Vollkornmehl Hefe Zucker	1. Vorteig herstellen • Hefe in eine Tasse bröseln, mit wenig Zucker und etwas lauwarmem Wasser verrühren • Mehl in eine Schüssel sieben, Mulde formen • Vorteig in Mulde gießen, zugedeckt ca. 10–15 Min. gehen lassen
⅛ l – ¼ l ½ TL 20 g	Wasser Salz Öl	2. Teig kneten • Vorteig mit etwas Mehl mischen • Wasser, Salz und Öl zugeben • Teig kneten
		3. Hefeteig zugedeckt ca. 15–20 Min. gehen lassen
		4. Hefeteig in sechs gleiche Teile teilen 5. Brötchen formen und auf das Backblech setzen
etwas	Wasser Sesam, Mohn, Salz usw.	6. Brötchen mit Wasser bestreichen 7. Brötchen je nach Wunsch mit Gewürzen bestreuen 8. Brötchen backen **Garzeit:** 15–20 Min.

1. Vorteig ansetzen, gehen lassen

2. Teig kneten

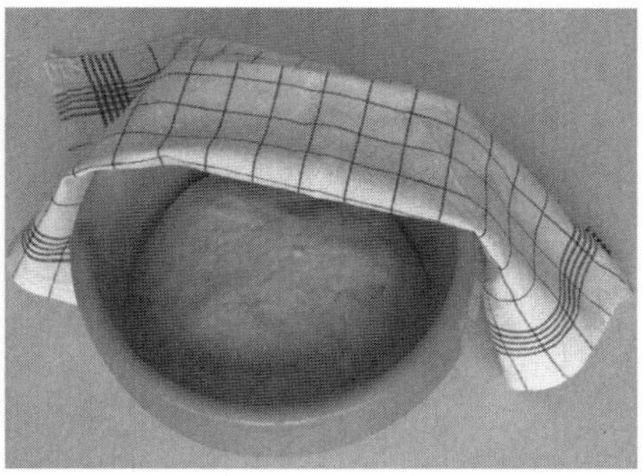

3. Teig gehen lassen

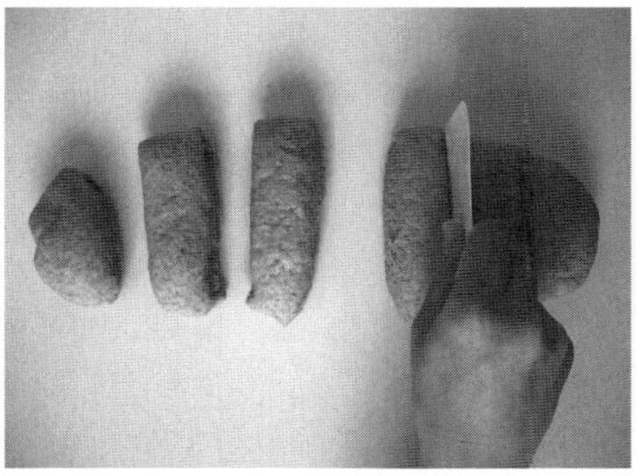

4. Teig in 6 Teile teilen

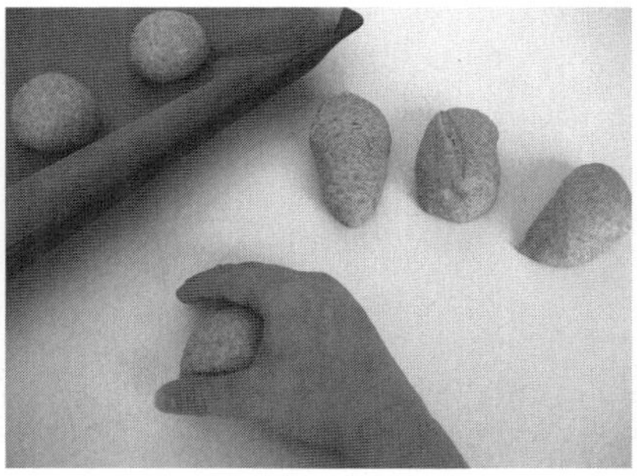

5. Brötchen formen

6. Mit Wasser bestreichen, bestreuen

Name:	Klasse:	Datum:	Fach:	Nr.:

Gekochtes Gemüse

Menge	Zutaten	Zubereitung
reichlich	Wasser	1. Wasser zum Kochen bringen
500 g	Gemüse, z. B. Brokkoli, Blumenkohl, Bohnen, Rosenkohl	2. Gemüse putzen, waschen, evtl. schälen und schneiden
½ TL	Salz	3. Salz zugeben
		4. Gemüse bissfest kochen **Garzeit:** ca. 3 – 10 Min.
	Salz, Pfeffer, Kräuter	5. Gemüse abseihen, würzen und anrichten

1. Wasser einfüllen

2. Wasser erhitzen

3. Gemüse zugeben, kochen

4. Gemüse abseihen

Gedünstetes Gemüse

Menge	Zutaten	Zubereitung
500 g	Gemüse, z. B. Karotten, Lauch, Kohlrabi, Paprika	1. Gemüse putzen, waschen, evtl. schälen und schneiden
1 kl.	Zwiebel	2. Zwiebel schälen und in feine Würfel schneiden
1 – 2 EL	Öl oder Butter	3. Fett erhitzen, Zwiebeln und Gemüse andünsten
wenig	Wasser	4. Wasser aufgießen und weiterdünsten
1 TL	gekörnte Brühe	**Garzeit:** ca. 3 – 10 Min.
	Salz, Pfeffer	5. Gemüse mit Salz, Pfeffer und Brühe abschmecken
	frische Kräuter	6. Gemüse mit frischen Kräutern garnieren

1. Fett erhitzen

2. Gargut zugeben, kurz andünsten

3. Wenig Flüssigkeit aufgießen

4. Gemüse bissfest dünsten

Name:	Klasse:	Datum:	Fach:	Nr.:

Nudeln

Menge	Zutaten	Zubereitung
reichlich ½ TL 250 g	Wasser Salz Nudeln Petersilie	1. Wasser erhitzen 2. Salz und Nudeln zugeben, bei niedriger Stufe „al dente" kochen **Garzeit:** ca. 10 Min. 3. Nudeln im Sieb abseihen 4. Anrichten, mit Petersilie garnieren

1. Wasser einfüllen

2. Wasser erhitzen

3. Nudeln zugeben und kochen

4. Nudeln abseihen

Hackfleischsoße

Menge	Zutaten	Zubereitung
1 2 EL 300 g	Zwiebel Öl Hackfleisch	1. Zwiebel in feine Würfel schneiden 2. Öl erhitzen, Hackfleisch anbraten 3. Zwiebeln zugeben und mitdünsten
1 D. ⅛ l	Tomaten Wasser	4. Tomaten und Wasser zugeben 5. Soße köcheln lassen **Garzeit:** ca. 10 Min.
etwas 1 EL, 1 TL 2 EL	Salz, Pfeffer Basilikum, Brühe Tomatenmark	 6. Soße mit Gewürzen und Kräutern abschmecken 7. Soße mit Tomatenmark verfeinern

1. Zwiebel schneiden

2. Öl erhitzen

3. Hackfleisch anbraten

4. Zwiebeln zugeben

5. Tomaten zugeben

5. Köcheln lassen, würzen

Name:	Klasse:	Datum:	Fach:	Nr.:

Frikadellen / Fleischpflanzerl (Fleischteig)

Menge	Zutaten	Zubereitung
1 kl.	Zwiebel	1. Zwiebel in feine Würfel schneiden
1 EL	Petersilie	2. Petersilie waschen und fein hacken
1 EL	Öl	3. Öl erhitzen, Zwiebeln und Petersilie andünsten
1	altes Brötchen	4. Brötchen in Wasser einweichen, gut ausdrücken
400 g	Hackfleisch	5. Alle Zutaten mit dem Handrührgerät (Knethaken) zu einem geschmeidigen Teig verarbeiten
2	Eier	
½ TL	Salz	6. Frikadellen mit nassen Händen formen
etwas	Pfeffer	7. Frikadellen in das heiße Fett einlegen und braten
2 EL	Öl	**Garzeit:** je Seite ca. 5–10 Min.

1. Fleischteig kneten

2. Frikadellen formen

3. Frikadellen einlegen

4. Frikadellen braten

Gefüllte Paprikaschoten

Menge	Zutaten	Zubereitung
1 kl.	Zwiebel	1. Zwiebel in feine Würfel schneiden
1 EL	Petersilie	2. Petersilie waschen und fein hacken
1 EL	Öl	3. Öl erhitzen, Zwiebeln und Petersilie andünsten
1	altes Brötchen	4. Brötchen in Wasser einweichen, gut ausdrücken
400 g	Hackfleisch	5. Alle Zutaten mit dem Handrührgerät (Knethaken) zu einem geschmeidigen Teig verarbeiten
2	Eier	
½ TL	Salz	6. Paprikaschoten waschen, Deckel abschneiden, Kernhaus entfernen
etwas	Pfeffer	
3	Paprikaschoten	7. Paprikaschoten mit Fleischteig füllen und anbraten
1	Zwiebel	8. Zwiebel in feine Würfel schneiden und zugeben
1 D.	Tomaten	9. Tomaten und Wasser zugeben
¼ l	Wasser	10. Paprikaschoten im Dampfdrucktopf garen
etwas	Salz, Pfeffer, Basilikum, Brühe	**Garzeit:** ab 2. Ring ca. 15 Min.
2 EL	Sahne	11. Soße abschmecken, evtl. pürieren
1 EL	frische Kräuter	12. Soße mit Sahne und frischen Kräutern verfeinern

1. Fleischteig kneten

2. Paprika füllen

3. Paprika anbraten

4. Flüssigkeit zugeben

Name:	Klasse:	Datum:	Fach:	Nr.:

Hackbraten

Menge	Zutaten	Zubereitung
	<u>Grundrezept Fleischteig:</u>	
1 kl.	Zwiebel	1. Zwiebel in feine Würfel schneiden
1 EL	Petersilie	2. Petersilie waschen und fein hacken
1 EL	Öl	3. Öl erhitzen, Zwiebeln und Petersilie andünsten
1	altes Brötchen	4. Brötchen in Wasser einweichen und gut ausdrücken
400 g	Hackfleisch	
2	Eier	5. Alle Zutaten mit dem Handrührgerät (Knethaken) zu einem geschmeidigen Teig verarbeiten
½ TL	Salz	
etwas	Pfeffer	
3 EL	Öl	6. Bratreine fetten und im vorgeheizten Backofen erhitzen
ca. 200 g	Wurzelwerk (Zwiebel, Karotte, Lauch, Sellerie)	7. Wurzelwerk grob zerkleinern
		8. Laib formen und in die Bratraine legen, mit Fett bepinseln, braten **Garzeit:** ca. 15 Min., 200 °C
ca. ¼ l	Brühe	9. Wurzelwerk seitlich dazulegen, mit Brühe aufgießen und weiterbraten **Garzeit:** ca. 30–45 Min., 200 °C
2 EL	Tomatenmark	10. Braten herausnehmen, Soße abseihen und fertigstellen
2 EL	Sahne	
etwas	Salz, Pfeffer, Paprika	
	frische Kräuter	11. Braten mit frischen Kräutern anrichten

1. Zwiebeln/Petersilie andünsten

2. Fleischteig kneten

3. Bratraine fetten

4. Laib formen, ca. 15 Min braten

5. Flüssigkeit zugeben, ca. 30–45 Min braten

6. Soße abseihen und fertigstellen

Name:	Klasse:	Datum:	Fach:	Nr.:

Rinderrouladen

Menge	Zutaten	Zubereitung
4	Rinderrouladen	1. Rinderrouladen waschen, trocken tupfen
etwas	Salz, Pfeffer	2. Rouladen von beiden Seiten würzen, von einer Seite mit Senf bestreichen
2 EL	Senf	
4 Sch.	Schinken oder Speck	3. Rouladen füllen, fest zusammenrollen, feststecken
4	Essiggurken/Karotten	4. Zwiebel und Wurzelwerk in Würfel schneiden
2 EL	Öl	5. Rouladen von allen Seiten scharf in Öl anbraten
1	Zwiebel	6. Zwiebel und Wurzelwerk zugeben und kurz mit anbraten
ca. 200 g	Wurzelwerk (Karotte, Lauch)	7. Brühe aufgießen und im Dampfdrucktopf garen
¼ l	Brühe	**Garzeit:** ca. 20 Min. (zweiter Ring)
3 EL	Sahne	8. Rouladen aus dem Topf nehmen, Soße fertigstellen, evtl. Soße pürieren
1 EL	Tomatenmark	
etwas	Salz, Pfeffer, Brühe	9. Soße verfeinern und pikant abschmecken

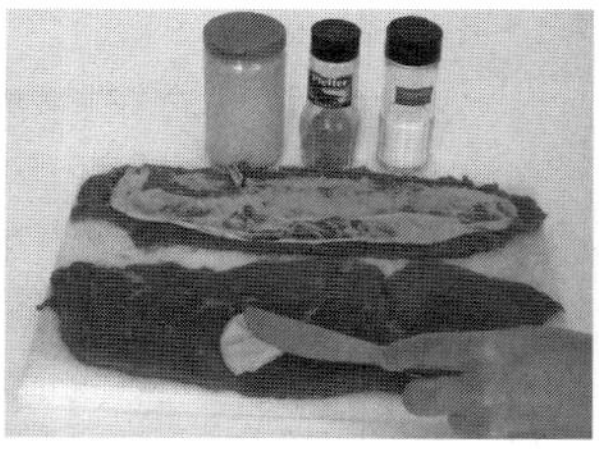
1. Rouladen würzen, bestreichen

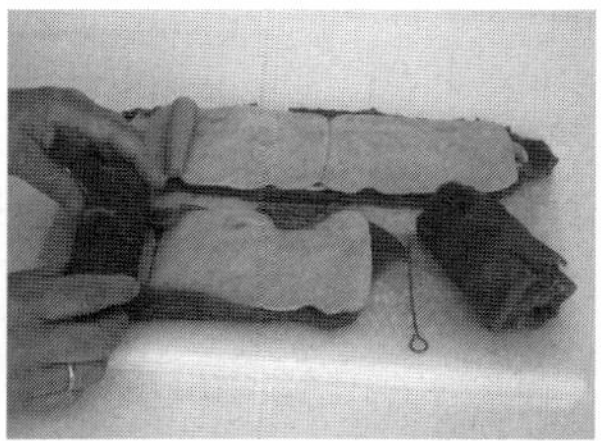
2. Füllen, rollen, feststecken

3. Rouladen anbraten

4. Flüssigkeit zugeben, Rouladen garen

Gulasch

Menge	Zutaten	Zubereitung
400 g	Rindergulasch	1. Fleisch in größere Würfel schneiden
2 EL	Öl	2. Gulaschfleisch portionsweise in Öl anbraten
1	Zwiebel	3. Zwiebel in Halbringe schneiden und zugeben
1	Knoblauchzehe	4. Knoblauchzehe pressen und zugeben
etwas	Salz, Pfeffer, Kümmel	5. Fleisch gut würzen
	Paprika, Curry, Brühe	6. Gulasch mit Tomaten und Wasser aufgießen
1 D.	Tomaten	7. Paprika in Würfel schneiden und zugeben
⅜ l	Wasser	8. Gulasch im Dampfdrucktopf garen
1	Paprikaschote	**Garzeit:** ab 2. Ring ca. 20 Min.
3 EL	Sahne	9. Gulasch verfeinern und pikant abschmecken
2 EL	Tomatenmark	
1 Msp	Sambal Olec	10. evtl. Sambal Olec zugeben

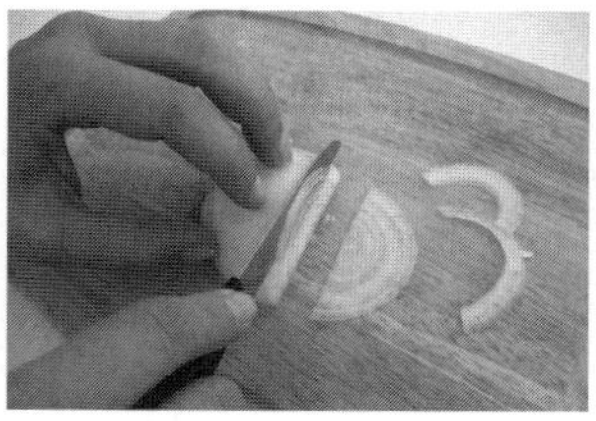
1. Zwiebel schneiden

2. Fleisch schneiden

3. Fleisch anbraten

4. Flüssigkeit zugeben

Name:	Klasse:	Datum:	Fach:	Nr.:

Lauch-Quiche (Quark-Öl-Teig)

Menge	Zutaten	Zubereitung
150 g	Quark	1. Quark, Milch, Ei, Öl und Salz mit dem Handrührgerät verrühren
2–3 EL	Milch	2. Mehl und Backpulver zugeben und verkneten
1	Ei	3. Quark-Öl-Teig auf das vorbereitete Backblech geben und Rand gleichmäßig hochdrücken
6 EL	Öl	
1 Pr.	Salz	
300 g	Mehl	4. Zwiebel schälen und in Halbringe schneiden
1 P.	Backpulver	5. Lauch putzen, waschen und in Halbringe schneiden
	Füllung:	6. Putenbrust/Schinken in Würfel schneiden
1	Zwiebel	7. Öl erhitzen, Gemüse andünsten, auskühlen lassen
2–3 St.	Lauch	8. Putenbrust/Schinken zugeben, würzen
100 g	Putenbrust/Schinken	9. Eier, Sahne und Gewürze verrühren
3	Eier	10. Gemüse auf den Teig geben
1 B.	Sahne	11. Ei-Sahne-Soße verteilen und mit Käse bestreuen
etwas	Salz, Pfeffer	12. Quiche backen: 200 °C
200 g	Käse (ger.)	**Garzeit:** ca. 30 Min.

1. Feuchte Zutaten verrühren

2. Mehl unterkneten

3. Teig ausrollen

4. Belag verteilen, Quiche backen

Pizza (Hefeteig)

Menge	Zutaten	Zubereitung
375 g	Mehl	1. Aus Mehl, Salz, Trockenhefe, Olivenöl und Wasser einen schnellen Hefeteig herstellen, gehen lassen
1 Pr.	Salz	2. Hefeteig auf dem vorbereiteten Backblech ausrollen
1 P.	Trockenhefe	
6 EL	Olivenöl	
¼ l	Wasser	
1	Zwiebel	3. Zwiebel in Würfel schneiden und andünsten
1 D.	Tomaten	4. Tomaten und Gewürze zugeben, 5 Min. köcheln lassen
etwas	Salz, Pfeffer	5. Tomatensoße auf dem Teig verteilen
	Pizzagewürz	
	Belag: z. B.	
5–6 S.	Schinken/Salami	6. Belag vorbereiten
	Paprika/Oliven	7. Pizza belegen und mit Käse bestreuen
200 g	Käse (ger.)	8. Pizza backen: 200 °C, **Garzeit:** ca. 30 Min.

1. Teig kneten

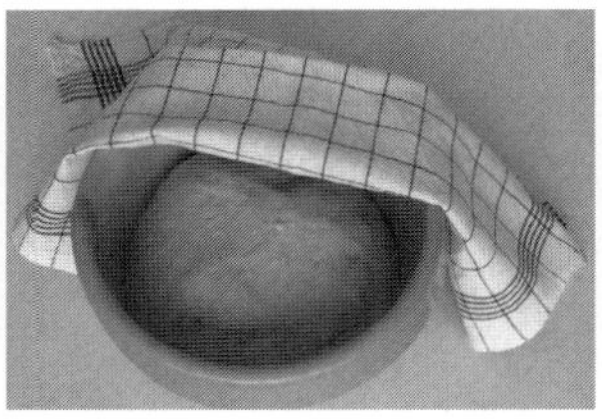

2. Gehen lassen

3. Auf Blech geben

4. Belegen, backen

Name:	Klasse:	Datum:	Fach:	Nr.:

Lasagne

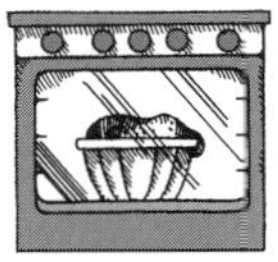

Menge	Zutaten	Zubereitung
	Hackfleischsoße:	1. Zwiebel in Würfel schneiden
1	Zwiebel	2. Öl erhitzen, Hackfleisch anbraten
2 EL	Öl	3. Zwiebeln zugeben
300 g	Hackfleisch	4. Tomaten und Wasser aufgießen
1 D.	Tomaten	5. Soße köcheln lassen
etwas	Salz, Pfeffer, Brühe, Basilikum	**Garzeit:** ca. 10 Min.
	Bechamelsoße:	6. Soße pikant abschmecken
2 EL	Butter	7. Butter in einem Topf erhitzen,
2 EL	Mehl	8. Mehl zugeben und etwas bräunen
500 ml	Milch	9. Mit Milch ablöschen, kurz köcheln lassen, **Garzeit:** ca. 3–5 Min.
etwas	Brühe, Muskat	10. Soße pikant abschmecken
1 Pr.	Salz, Pfeffer	11. Auflaufform fetten, Lasagne einschichten,
6–8	Nudelplatten	mit Käse bestreuen
100 g	Käse (ger.)	12. Lasagne überbacken, 175 °C, **Garzeit:** ca. 35 Min

1. Fleischsoße

2. Bechamelsoße

3. Einschichten

4. Mit Käse bestreuen

Gemüseauflauf
(z. B. mit Kartoffeln, Nudeln)

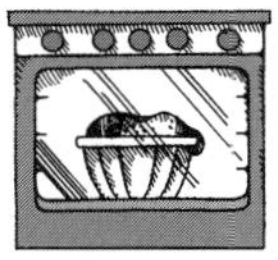

Menge	Zutaten	Zubereitung
200 g	Nudeln oder Kartoffeln	1. Nudeln oder Kartoffeln garen
1	Zwiebel	2. Auflaufform fetten
1	Paprika	3. Gemüse waschen und in feine Würfel schneiden
3	Champignons	4. Schinken in Würfel schneiden
½	Zucchini	5. Gemüse und Schinken andünsten und würzen
1 P.	Schinken	6. Eier, Sahne und Gewürze gut verquirlen
	Ei-Sahne-Soße:	7. Nudeln in die Auflaufform geben
2	Eier	8. Gemüse dazugeben
200 ml	Sahne	9. Ei-Sahne-Soße darübergießen
etwas	Salz, Pfeffer	10. Auflauf mit Käse bestreuen
etwas	Brühe	11. Auflauf backen, 175 °C
100 g	Käse (ger.)	**Garzeit:** ca. 20 Min.

1. Gekochte Nudeln einfüllen

2. Gemüse andünsten, einfüllen

3. Mit Soße übergießen

4. Mit Käse bestreuen

Name:	Klasse:	Datum:	Fach:	Nr.:

Spinat-Käse-Blätterteigtaschen (Blätterteig)

Menge	Zutaten	Zubereitung
1 1 EL 250 g 1 P. etwas 1 P. 1 1	Zwiebel Öl Blattspinat (TK) Schafskäse Salz, Pfeffer, Muskat Blätterteig Eiweiß Eigelb	1. Zwiebel in feine Würfel schneiden 2. Öl erhitzen und Zwiebeln andünsten 3. Aufgetauten Spinat zugeben, mitdünsten, Masse auskühlen lassen 4. Fein gewürfelten Schafskäse und Gewürze zur Spinatmasse zugeben 5. Backblech mit Backpapier vorbereiten 6. Blätterteig aufrollen, in Rechtecke schneiden 7. Blätterteig mit Eiweiß bestreichen, erkaltete Füllung verteilen 8. Blätterteigtaschen schließen und den Rand mit der Gabel festdrücken 9. Taschen mit Eigelb bestreichen, backen: 175 °C **Garzeit:** ca. 15–20 Min.

1. Füllung herstellen

2. Blätterteig schneiden und mit Eiweiß bestreichen

3. Füllung verteilen

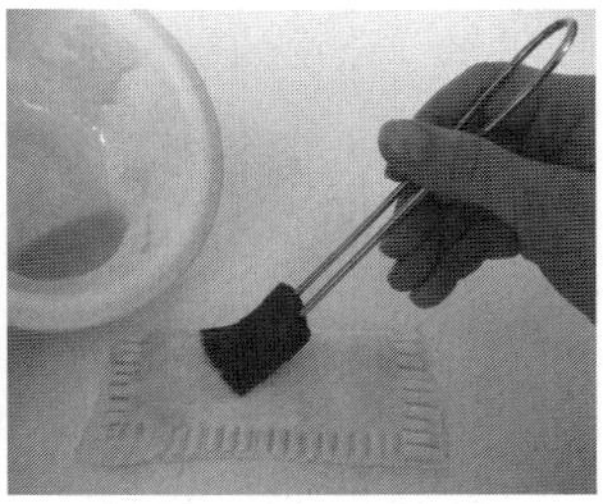

4. Tasche schließen und mit Eigelb bestreichen

Schinkenhörnchen (Blätterteig)

Menge	Zutaten	Zubereitung
1 100 g 2 1 EL 1 Pr. 1 P. 1 1	Zwiebel Schinken Essiggurken Öl Salz, Pfeffer, Brühe Blätterteig Eiweiß Eigelb	1. Zwiebel, Schinken und Essiggurken in feine Würfel schneiden 2. Öl erhitzen, Zwiebeln andünsten, Schinken und Essiggurken zugeben und mitdünsten 3. Füllung pikant würzen und kurz abkühlen lassen 4. Backblech mit Backpapier vorbereiten 5. Blätterteig aufrollen, in Dreiecke schneiden, mit Eiweiß bestreichen 6. Erkaltete Füllung verteilen, Hörnchen aufrollen und formen 7. Hörnchen mit Eigelb bestreichen, backen: 175 °C **Garzeit:** ca. 15–20 Min.

1. Füllung herstellen

2. Blätterteig schneiden und mit Eiweiß bestreichen

3. Füllung verteilen

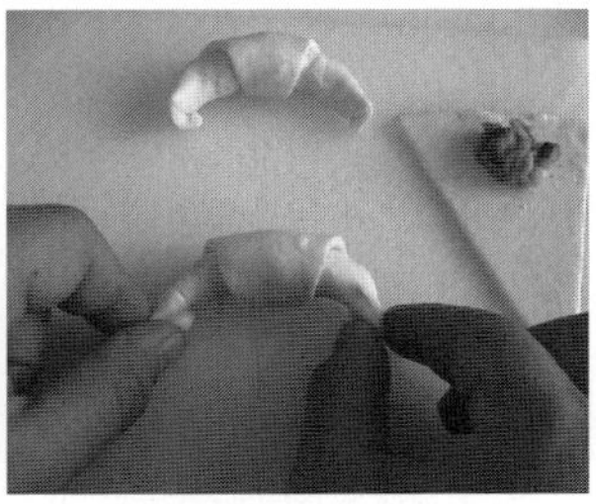

4. Rollen, formen, mit Eigelb bestreichen

Name:	Klasse:	Datum:	Fach:	Nr.:

Wiener Schnitzel

Menge	Zutaten	Zubereitung
4	Kalbsschnitzel	1. Schnitzel waschen und trocken tupfen
etwas	Salz, Pfeffer	2. Schnitzel von beiden Seiten gut würzen
	<u>Panade:</u>	3. Schnitzel panieren:
3 EL	Mehl	• Schnitzel in Mehl wenden,
1	Ei (verquirlt)	• in Ei wenden und anschließend
100 g	Paniermehl / Semmelbrösel	• in Paniermehl / Semmelbrösel wenden
1 EL	Fett	4. Fett in einer Pfanne erhitzen
		5. Schnitzel einlegen und von beiden Seiten bei mittlerer Temperatur backen **Garzeit:** je Seite ca. 10 Min.
1	Zitrone	6. Zitrone waschen, evtl. ziselieren und in Scheiben schneiden
etwas	Petersilie	7. Schnitzel mit Zitronenscheiben und Petersilie garnieren

1. Schnitzel in Mehl wenden

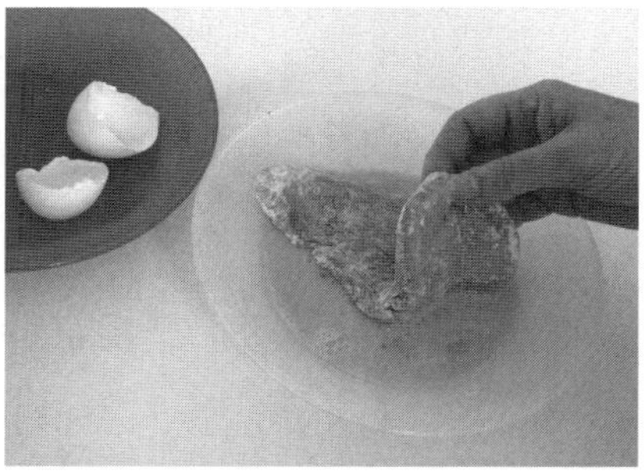

2. Schnitzel in Ei wenden

3. Schnitzel in Paniermehl / Semmelbrösel wenden

4. Fett erhitzen

5. Schnitzel in der Pfanne ausbacken

6. Schnitzel mit Zitrone anrichten

Name:	Klasse:	Datum:	Fach:	Nr.:

Schnitzel (natur) in Senfsoße

Menge	Zutaten	Zubereitung
4	Schnitzel	1. Schnitzel waschen, trocken tupfen und klopfen
etwas	Salz, Pfeffer	2. Schnitzel von beiden Seiten würzen, evtl. in Mehl wenden
evtl. 1 EL	Mehl	3. Öl erhitzen, Schnitzel von beiden Seiten anbraten
2 EL	Öl	**Garzeit:** je Seite 5–8 Min.
		4. Schnitzel herausnehmen, warmstellen
1	Zwiebel	5. Zwiebel in feine Würfel schneiden, andünsten
100 g	Kräuterfrischkäse	6. Frischkäse, Milch, Senf zugeben und gut verrühren
150 ml	Milch	
1 TL	Senf	7. Soße kurz aufkochen lassen und abschmecken
etwas	Salz, Pfeffer, Brühe	8. Soße mit Sahne und Kräutern verfeinern
2 EL	Sahne	9. Schnitzel wieder einlegen und kurz in der Soße ziehen
2 EL	Kräuter	lassen

1. Schnitzel braten

2. Zwiebeln dünsten

3. Soße herstellen

4. Schnitzel einlegen

Rahmgeschnetzeltes

Menge	Zutaten	Zubereitung
200 g	Putenschnitzel	1. Putenschnitzel waschen, trocken tupfen und in feine Streifen schneiden
2 EL	Öl	2. Öl erhitzen, Putenstreifen gut anbraten
1	Zwiebel	3. Zwiebel in feine Würfel schneiden
einige	Champignons	4. Champignons putzen und in Scheiben schneiden
100 ml	Wasser	5. Zwiebeln zugeben und mitbraten
100 ml	Milch	6. Wasser, Milch und Gewürze zugeben
etwas	Salz, Pfeffer, Brühe	7. Geschnetzeltes köcheln lassen
		Garzeit: ca. 10 Min.
		8. Champignons zugeben
100 ml	Sahne	9. Soße mit Sahne und frischen Kräutern verfeinern
1 EL	frische Kräuter	10. Soße pikant abschmecken

1. Fett erhitzen

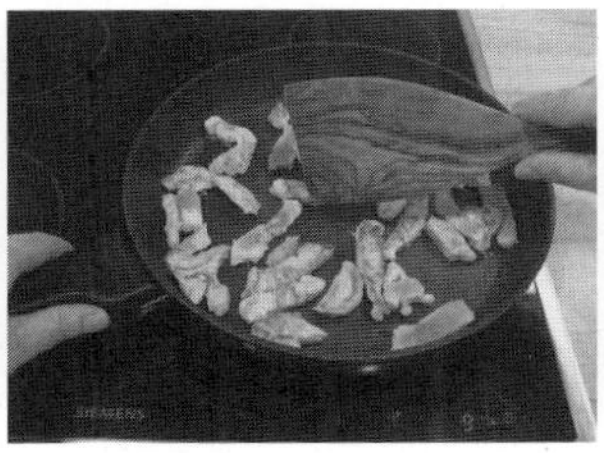

2. Fleisch anbraten

3. Zwiebeln zugeben

4. Soße herstellen

Name:	Klasse:	Datum:	Fach:	Nr.:

Überbackene Fischschnitzel

Menge	Zutaten	Zubereitung
3 ½ etwas 1 2 ½ Bd. 1 EL etwas 1	Fischfilet Zitrone Salz Zwiebel Paprika Petersilie Öl Salz, Pfeffer Camembert	1. Fisch nach der 3-S-Regel vorbereiten: säubern, mit Zitronensaft säuern, salzen 2. Zwiebel in feine Würfel schneiden 3. Paprika in Würfel schneiden 4. Petersilie wiegen 5. Öl erhitzen, Fisch von beiden Seiten anbraten 6. Fischfilet in eine gefettete Auflaufform legen 7. Zwiebeln, Paprika und Petersilie anbraten, würzen 8. Camembert in Würfel schneiden und zum Gemüse geben 9. Gemüse-Käse-Mischung auf den Fischfilets verteilen 10. Im Backofen überbacken, 200 °C **Garzeit:** 15 Min.

1. Fisch säubern

2. Fisch säuern

3. Fisch salzen

4. Fisch überbacken

Forelle nach Müllerin Art

Menge	Zutaten	Zubereitung
2 etwas	Forellen Zitronensaft Salz Mehl Fett	1. Forellen nach der 3-S-Regel vorbereiten: säubern, säuern, salzen 2. Forellen in Mehl wenden 3. Fett in einer Pfanne erhitzen 4. Forellen auf beiden Seiten bei mittlerer Hitze braten **Garzeit:** je Seite 5–8 Min.

1. Fisch säubern

2. Fisch säuern

3. Fisch salzen

4. In Mehl wenden

Name:	Klasse:	Datum:	Fach:	Nr.:

Einfache Creme

Menge	Zutaten	Zubereitung
2	Eiweiß	1. Eier trennen
2	Eigelb	2. Eiweiß steif schlagen und kühl stellen
40 g	Zucker	3. Eigelb und Zucker zu einer Schaummasse rühren
20 g	Stärke	4. Geschmackszutat zugeben und verrühren
	Geschmackszutaten:	5. Stärke zugeben und verrühren
40 g	z. B. Schokolade,	6. Milch zugeben, verrühren und Creme einmal aufkochen lassen
2 P.	Vanillezucker	
½ l	Milch	7. Aufgekochte Creme unter den Eischnee ziehen (evtl. wegen Salmonellengefahr weglassen!)
ca. ¼ l	Sahne	8. Creme einfüllen und kühl stellen
	Obst, Streusel	9. Creme mit steif geschlagener Sahne und Obst anrichten

1. Eier trennen

2. Schaummasse rühren

3. Weitere Zutaten zugeben, verrühren

4. Creme aufkochen lassen

Pudding (Päckchen)

Menge	Zutaten	Zubereitung
½ l	Milch	1. ½ l Milch abmessen
1 P.	Puddingpulver	2. Puddingpulver mit 2 EL Zucker und 6 EL Milch verrühren
2 EL	Zucker	3. Milch erhitzen
		4. Angerührtes Puddingpulver in die heiße Milch mit einem Schneebesen einrühren
		5. Pudding unter Rühren 1 × aufkochen lassen
		6. Pudding noch heiß in Gläser abfüllen
		7. Pudding erkalten lassen
	Sahne	8. Pudding mit Sahne und evtl. Obst garnieren
	Obst, Schokostreusel	

1. Puddingpulver und Zucker mischen

2. 6 EL Milch zugeben

3. Alles gut verrühren

4. Mischung in die heiße Milch einrühren

Name:	Klasse:	Datum:	Fach:	Nr.:

Apfelmus

Menge	Zutaten	Zubereitung
500 g	Äpfel	1. Äpfel waschen, schälen, vierteln und Kernhaus entfernen
	Sud:	2. Sud in einem Topf herstellen
¼ l	Wasser	
2 Pr.	Zimt	3. Äpfel zugeben und garen
4 EL	Zucker	**Garzeit:** ca. 5–10 Min.
		4. Äpfel pürieren
		5. Apfelmus erkalten lassen und anrichten

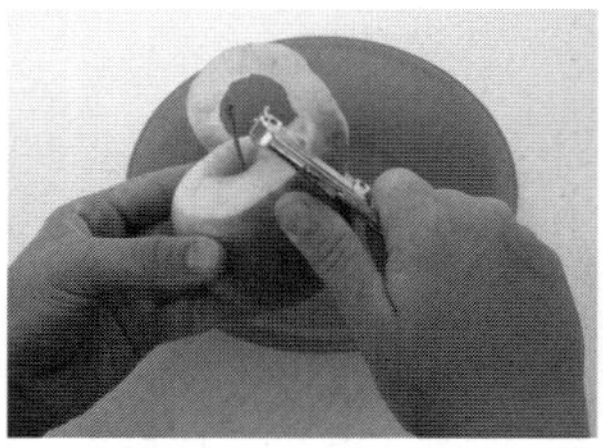

1. Äpfel schälen

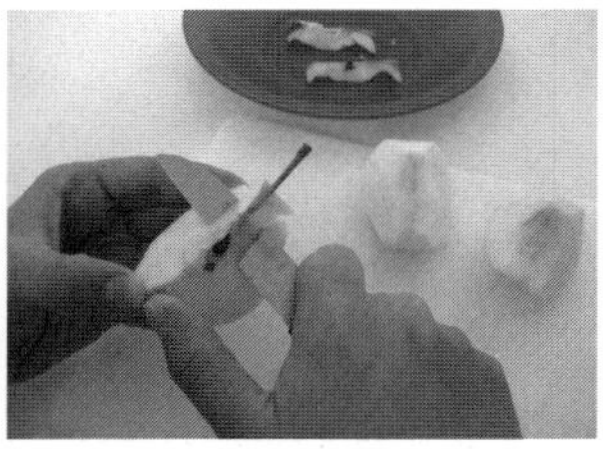

2. Äpfel vierteln, Kernhaus entfernen

3. Äpfel im Sud garen

4. Äpfel pürieren

Obstsalat

Menge	Zutaten	Zubereitung
½	Zitrone	1. Zitrone auspressen
500 g	Obst nach Saison	2. Obst waschen, evtl. schälen, in Würfel schneiden
2 EL	Zucker	3. Obst mit Zitronensaft beträufeln
	Geschmackszutaten:	
1 P.	Vanillezucker	4. Zucker und evtl. Geschmackszutaten zugeben
2 EL	Zimt	
etwas	Nüsse	5. Obstsalat anrichten
200 ml	Sahne	6. Sahne steif schlagen und Obstsalat garnieren

1. Zitrone auspressen

2. Obst waschen, evtl. schälen, schneiden

3. Obstsalat anrichten

Name:	Klasse:	Datum:	Fach:	Nr.:

Fruchtcreme

Gelatineverarbeitung in kalter Flüssigkeit

Menge	Zutaten	Zubereitung
6 Blatt 1 P.	Gelatine oder Gelatinepulver	1. Gelatine in kaltem Wasser einweichen (je nach Packungsaufschrift)
250 g	Obst, z. B. Pfirsich, Erdbeere, Kiwi, Banane	2. Obst pürieren
250 g 3 EL	Quark oder Joghurt Zucker	3. Obstmus mit Quark/Joghurt und Zucker verrühren 4. Gelatine ausdrücken und im Wasserbad auflösen 5. Gelatine unter die Fruchtquarkmasse rühren, gut verrühren 6. Masse ansteifen lassen
1 B.	Sahne	7. Sahne steif schlagen und unterheben 8. Fruchtcreme portionieren und anrichten

1. Gelatine einweichen

2. Gelatine im Wasserbad auflösen

3. Temperaturausgleich machen

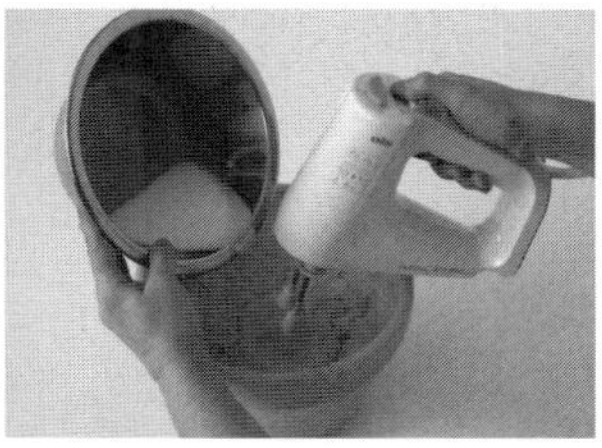
4. Gelatine zur Masse geben

Mousse au Chocolat

Gelatineverarbeitung in heißer Flüssigkeit

Menge	Zutaten	Zubereitung
3 Blatt	Gelatine	1. Gelatine in kaltem Wasser einweichen
	Wasser	2. Schokolade mit Kaffee und Gewürzen im Wasserbad schmelzen lassen
200 g	Schokolade	
4 EL	Kaffee	3. Blattgelatine ausdrücken, auf die warme Schokolade geben und gut verrühren
1 Msp.	Zimt	
1 Msp.	Ingwer	4. Masse abkühlen lassen
		5. Sahne steif schlagen
1 B.	Sahne	6. Masse zur Sahne geben und unterheben
etwas	Sahne, Schokostreusel	7. Creme portionieren und garnieren

1. Gelatine einweichen

2. Gelatine zur heißen Flüssigkeit geben

3. Gelatine gut verrühren

4. Masse zur Sahne geben, unterheben

Name:	Klasse:	Datum:	Fach:	Nr.:

Pfannkuchen

Menge	Zutaten	Zubereitung
250 g 4 1 Pr. 3/8 l	Mehl Eier Salz Milch	1. Mehl, Eier, Salz und Milch verrühren Tipp: Milch nach und nach zugeben, sodass sich keine Klümpchen bilden
	Fett Konfitüre/Nutella Zucker/Zimt Gemüsefüllung Quarkfüllung Hackfleischfüllung usw.	2. Fett in einer Pfanne erhitzen 3. Pfannkuchen auf beiden Seiten goldgelb ausbacken 4. Evtl. Pfannkuchen warm stellen oder erkalten lassen (je nach Füllung) 5. Füllung herstellen 6. Pfannkuchen füllen, evtl. überbacken und anrichten

1. Fett erhitzen

2. Teig eingießen

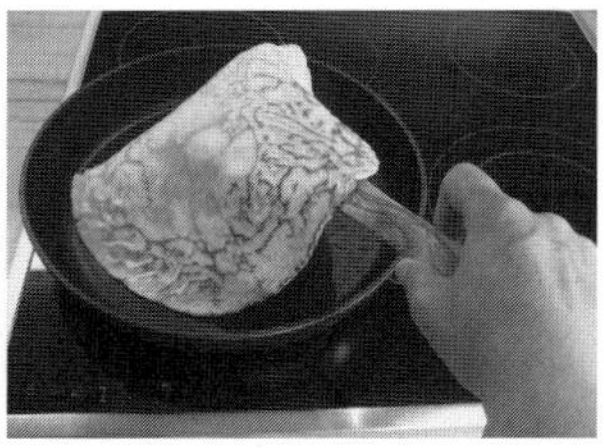

3. Pfannkuchen ausbacken

4. Pfannkuchen füllen

Hackfleisch-Füllung

Menge	Zutaten
½	Zwiebel
150 g	Hackfleisch
2 EL	Öl
½ D.	Tomaten
etwas	Salz, Pfeffer, Brühe, Basilikum
1 EL	Crème fraîche
100 g	Käse (ger.)

- Hackfleisch anbraten
- Zwiebeln und Tomaten zugeben
- Gewürze und Crème fraîche zugeben, abschmecken
- Pfannkuchen füllen, in eine Auflaufform legen
- Mit Käse bestreuen
- Überbacken: 200 °C

Garzeit: 10 Min.

Schinken-Käse-Füllung

Menge	Zutaten
½	Zwiebel
150 g	Schinken
2 EL	Öl
etwas	Salz, Pfeffer, Brühe
3 EL	Schmand
100 g	Käse (ger.)
100 g	Käse (ger.)

- Zwiebeln und Schinken andünsten
- Füllung würzen und auskühlen lassen
- Schmand und Käse zugeben
- Pfannkuchen füllen, in eine Auflaufform legen
- Mit Käse bestreuen
- Überbacken: 200 °C

Garzeit: 10 Min.

Quarkfüllung

Menge	Zutaten
60 g	Butter
60 g	Zucker
1	Ei
1 P.	Vanillezucker
200 g	Quark
125 ml	Milch
3 EL	Rosinen
etwas	Zimt

- Butter, Zucker und Ei zu einer Schaummasse schlagen
- Restliche Zutaten zugeben, verrühren
- Pfannkuchen füllen, in eine Auflaufform legen
- Überbacken: 200 °C

Garzeit: 20 Min.

Name:	Klasse:	Datum:	Fach:	Nr.:

Apfelschlupfkuchen (Rührteig)

Menge	Zutaten	Zubereitung
3–4	Äpfel	1. Äpfel schälen, vierteln und einschneiden
	Zitronensaft	2. Äpfel mit Zitronensaft beträufeln
	<u>Rührteig:</u>	3. Springform vorbereiten
150 g	Butter	4. Butter, Zucker, Vanillezucker und Eier zu einer Schaummasse rühren
150 g	Zucker	5. Mehl, Backpulver, Zitronenschale und Milch zugeben und kurz unterrühren
1 P.	Vanillezucker	
3	Eier	6. Teig in die Springform geben
250 g	Mehl	
2 TL	Backpulver	7. Äpfelviertel auf dem Kuchen verteilen
¼ TL	Zitronenschale	8. Kuchen backen, ca. 200 °C
6 EL	Milch	**Garzeit:** ca. 45 Min.
	Puderzucker	9. Kuchen mit Puderzucker bestäuben

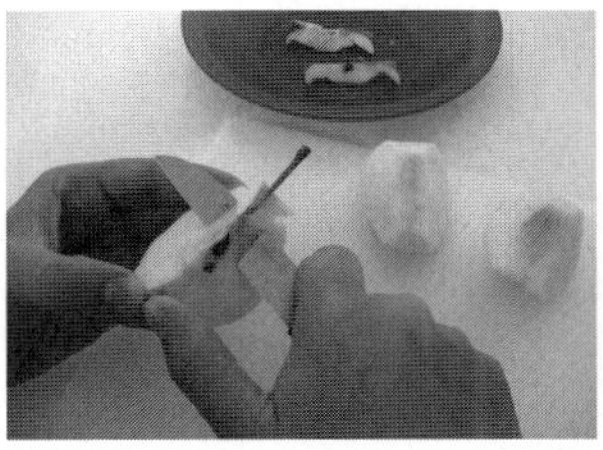
1. Äpfel vierteln

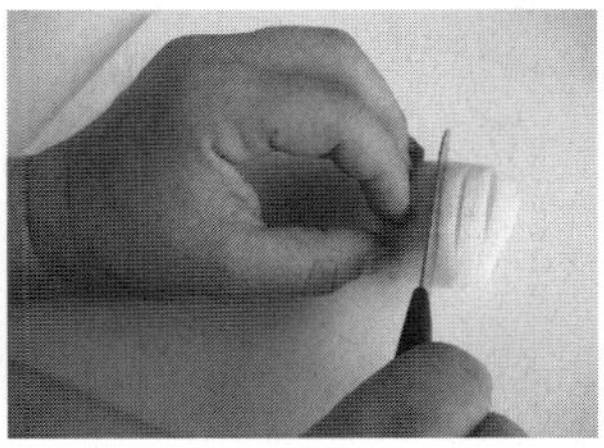
2. Äpfel einschneiden

3. Rührteig herstellen

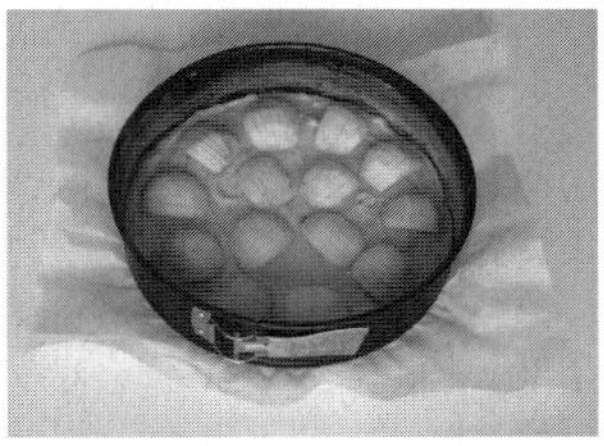
4. Kuchen backen

Muffins (Rührteig)

Menge	Zutaten	Zubereitung
125 g	Butter	1. Muffinform vorbereiten
125 g	Zucker	2. Butter, Zucker, Vanillezucker und Eier zu einer Schaummasse rühren
1 P.	Vanillezucker	3. Mehl, Backpulver, Geschmackszutaten und Milch zugeben und kurz unterrühren
2	Eier	
250 g	Mehl	
2 TL	Backpulver	
⅛ l	Milch	
	<u>Geschmackszutaten:</u>	4. Teig mit Eisportionierer einfüllen
75 g	Schokostreusel	5. Muffins backen, ca. 175 °C
75 g	Nüsse	**Garzeit:** ca. 20–30 Min.
1 TL	Kakao	
100 g	Obst	
	Puderzucker/Glasur	6. Muffins evtl. mit Puderzucker bestäuben oder mit Glasur überziehen

1. Muffinform vorbereiten

2. Rührteig herstellen

3. Teig portionieren, Muffins backen

4. Muffins verzieren

Name:	Klasse:	Datum:	Fach:	Nr.:

Zwetschgenkuchen (Mürbteig)

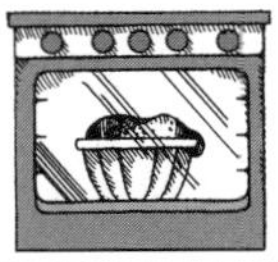

Menge	Zutaten	Zubereitung
	Mürbteig:	
200 g	Mehl	1. Mehl, Backpulver, Zucker, Salz auf das Backbrett geben
1 Msp.	Backpulver	
60 g	Zucker	2. Mulde formen und Ei hineingeben
1 Pr.	Salz	
120 g	Butter	3. Butterstückchen zugeben, Teig hacken und kneten
1	Ei	
		4. Teig mindestens 30 Minuten kühlen
		5. Teig ausrollen und in die vorbereitete Springform geben
20 g	Butter	6. Butter schmelzen und Teig bestreichen
500 g	Zwetschgen	7. Zwetschen entkernen und schuppenförmig auf dem Kuchen verteilen
		8. Kuchen backen, ca. 175 °C **Garzeit:** ca. 20 – 30 Min.
2 EL	Zucker	9. Zwetschgenkuchen nach dem Backen noch heiß mit Zucker bestreuen

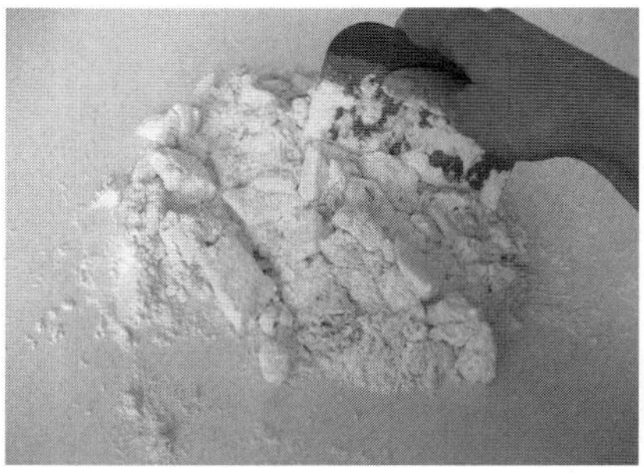

1. Teig mit Teigkarte hacken

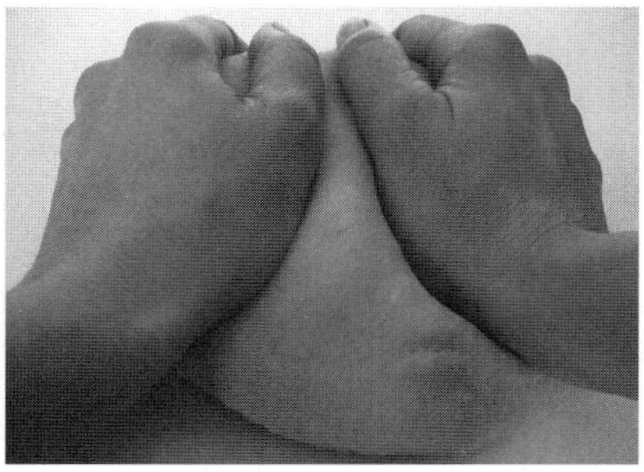

2. Teig kneten, kühlen

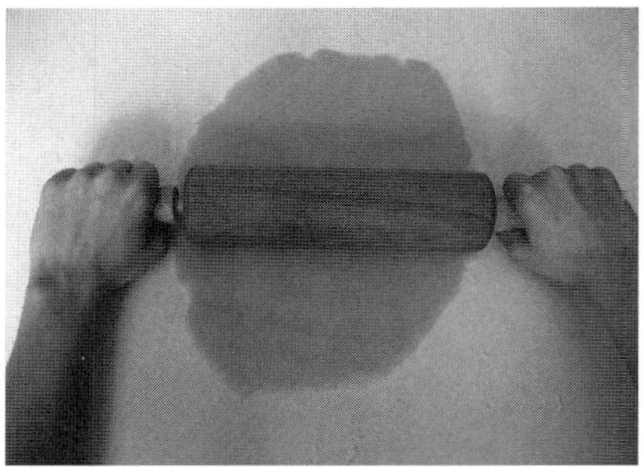

3. Teig ausrollen

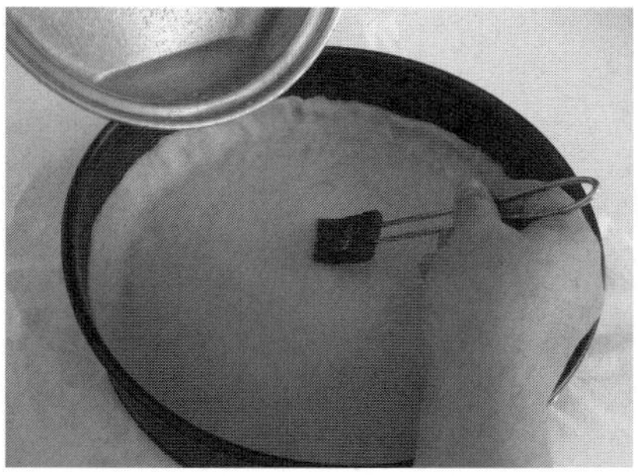

4. Teig mit geschmolzener Butter bestreichen

5. Teig mit Zwetschgen belegen und backen

6. Noch heiß mit Zucker bestreuen

Name:	Klasse:	Datum:	Fach:	Nr.:

Butterplätzchen (Mürbteig)

Menge	Zutaten	Zubereitung
	<u>Mürbteig:</u>	1. Mehl, Backpulver, Zucker, Salz auf das Backbrett geben
300 g	Mehl	2. Mulde formen und Ei hineingeben
150 g	Zucker	3. Butterstückchen zugeben, Teig hacken und kneten
150 g	Butter	
1 P.	Vanillezucker	4. Teig mindestens 30 Minuten kühlen
1	Ei	
1 Pr.	Salz	5. Teig portionsweise ausrollen und Plätzchen ausstechen
		6. Plätzchen auf das vorbereitete Backblech geben und backen, 175 °C **Garzeit:** ca. 5–8 Min.
		7. Plätzchen auskühlen lassen
		8. Plätzchen verzieren
	Konfitüre Puderzucker	• Oberseite mit Puderzucker bestäuben, mit Konfitüre füllen und zusammenkleben
	Nutella, Kuvertüre Streusel, Mandeln	• Mit Nutella füllen, zusammenkleben, mit Kuvertüre glasieren, mit Mandeln, Streusel etc. garnieren

1. Teig mit Teigkarte hacken

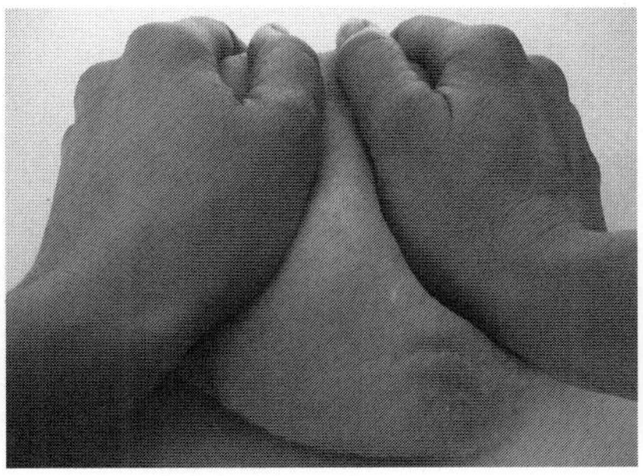
2. Teig kneten, kühlen

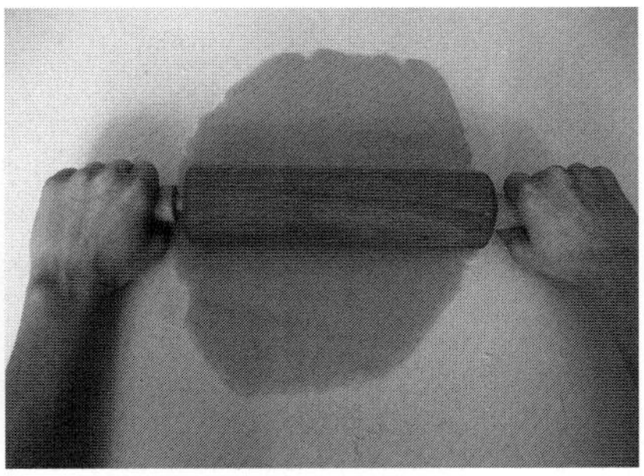
3. Teig ausrollen

4. Plätzchen ausstechen, backen

5a. Plätzchen verzieren, z. B. mit Puderzucker bestäuben, füllen

5b. Plätzchen verzieren, z. B. glasieren, mit Mandeln bestreuen

Name:	Klasse:	Datum:	Fach:	Nr.:

Nussschnecken (Quark-Öl-Teig)

Menge	Zutaten	Zubereitung
	Quark-Öl-Teig:	
150 g	Quark	1. Quark, Milch, Ei, Öl, Zucker und Salz mit dem Handrührgerät verrühren
2–3 EL	Milch	
1	Ei	2. Mehl und Backpulver zugeben und mit dem Handrührgerät verkneten
6 EL	Öl	
1 Pr.	Salz	3. Teig ausrollen
75 g	Zucker	
300 g	Mehl	
1 P.	Backpulver	
200 g	Nüsse (gem.)	4. Nüsse, Zucker und Sahne gut verrühren
100 g	Zucker	5. Teig bestreichen, aufrollen und Scheiben abschneiden
1 P.	Vanillezucker	6. Schnecken backen, ca. 175 °C
½ B.	Sahne	**Garzeit:** ca. 15–20 Min.

1. Quark-Öl-Teig herstellen

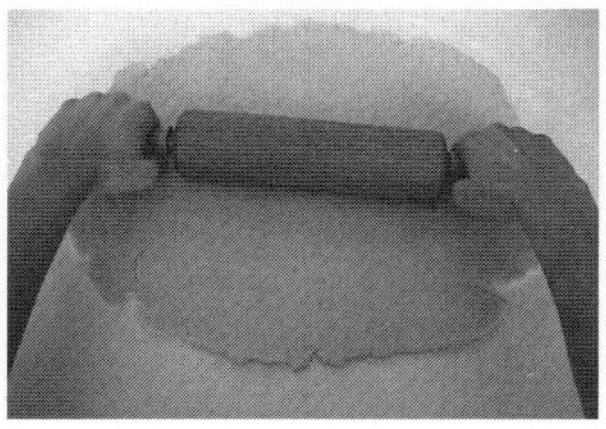
2. Teig ausrollen

3. Füllung aufstreichen, aufrollen

4. Schnecken schneiden, backen

Apfeltaschen (Quark-Öl-Teig)

Menge	Zutaten	Zubereitung
3	Äpfel	1. Äpfel in kleine Würfel schneiden, mit Wasser und Zucker dünsten
5 EL/2 EL	Wasser/Zucker	**Garzeit:** ca. 5 Min.
1 TL	Zitronensaft	2. Füllung erkalten lassen
	Quark-Öl-Teig:	
150 g	Quark	3. Quark, Milch, Ei, Öl, Zucker und Salz mit dem Handrührgerät verrühren
2–3 EL	Milch	4. Mehl und Backpulver zugeben und mit dem Handrührgerät verkneten
1	Ei	5. Teig ausrollen und Kreise ausstechen
6 EL	Öl	6. Kreise mit Ei bestreichen, füllen
1 Pr.	Salz	7. Taschen schließen, mit Ei bestreichen und backen, 175 °C
75 g	Zucker	**Garzeit:** ca. 15 Min.
300 g	Mehl	
1 P.	Backpulver	
1	Ei	

1. Quark-Öl-Teig herstellen

2. Kreis mit Ei bestreichen

3. Taschen füllen

4. Taschen schließen, mit Ei bestreichen

Name:	Klasse:	Datum:	Fach:	Nr.:

Biskuitboden (für Torten, Obstkuchen etc.)

Menge	Zutaten	Zubereitung
3 1 Pr. 75 g	Eier Salz Zucker	1. Eier trennen 2. Eiweiß mit Salz zu Eischnee schlagen 3. Zucker nach und nach zugeben und zu einer Baisermasse rühren
  90 g	 Mehl	4. Eigelb verrühren 5. Eigelb zugeben und kurz mit niedrigster Stufe unterrühren 6. Mehl sieben, zugeben und unterheben
		7. Biskuitteig in eine vorbereitete Backform geben 8. Biskuitteig backen, 175 °C **Garzeit:** ca. 15 – 20 Min.

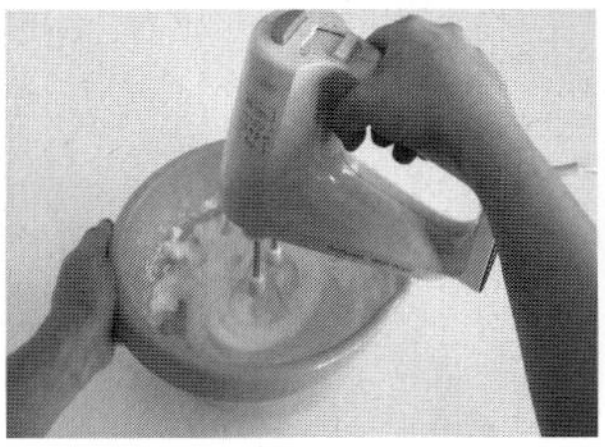

1. Eischnee steif schlagen, Zucker zugeben

2. Eigelb zugeben, kurz unterrühren

3. Mehl unterheben

4. Teig einfüllen, backen

Obstkuchen (Biskuitteig)

Menge	Zutaten	Zubereitung
3 1 Pr. 75 g 90 g	Eier Salz Zucker Mehl	1. Biskuitboden zubereiten: siehe Biskuitboden 2. Biskuitboden auskühlen lassen
4 EL ca. 500 g 1 P. 2 EL 1 B.	Konfitüre Obst (z. B. Erdbeeren) Tortenguss Zucker Sahne	3. Biskuitboden mit Konfitüre bestreichen 4. Obst vorbereiten, ggf. schneiden 5. Obst auf dem Biskuitboden verteilen 6. Tortenguss nach Packungsanleitung zubereiten 7. Obstkuchen mit Tortenguss überziehen 8. Sahne steif schlagen und den Obstkuchen verzieren

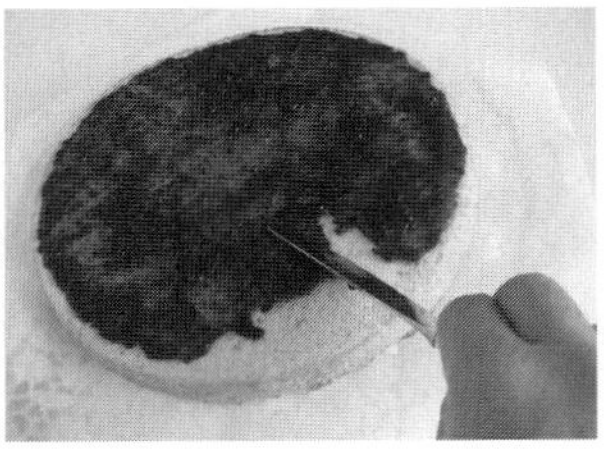

1. Biskuitboden bestreichen

2. Boden mit Obst belegen

3. Mit Tortenguss überziehen

4. Kuchen mit Sahne verzieren

Name:	Klasse:	Datum:	Fach:	Nr.:

Biskuitrolle (Biskuitteig)

Menge	Zutaten	Zubereitung
	<u>Biskuitteig:</u>	
5	Eier	1. Eier trennen
1 Pr.	Salz	2. Eiweiß mit Salz zu Eischnee schlagen
125 g	Zucker	3. Zucker nach und nach zugeben und zu einer Baisermasse rühren
		4. Eigelb verrühren, zugeben und kurz unterrühren
150 g	Mehl	
1 Pr.	Backpulver	5. Mehl sieben, zugeben und unterheben
		6. Biskuitteig aufs Backblech streichen
		7. Biskuitteig backen, 175 °C **Garzeit:** ca. 15 – 20 Min.
		8. Biskuit herausnehmen, auf ein mit Zucker bestreutes Geschirrtuch stürzen, Backpapier abziehen, Biskuit aufrollen und auskühlen lassen
2 B.	Sahne	9. Sahne steif schlagen und auf die Rolle streichen
200 g	Obst (z. B. Erdbeeren)	10. Obst vorbereiten, ggf. schneiden
etwas	Obst	11. Obst auf der Rolle verteilen und vorsichtig aufrollen
	Sahne	12. Rolle mit Sahne und Früchten verzieren

1. Eischnee schlagen, Zucker nach und nach zugeben

2. Eigelb zugeben

3. Mehl unterheben

4. Teig auf das Backblech streichen, backen

5. Biskuit rollen und auskühlen lassen

6. Rolle füllen und verzieren

- Verwende stets frische Eier.
- Beim Eiertrennen darf kein Eigelb zum Eiweiß gelangen, sonst wird der Eischnee nicht steif.
- Eiweiß sehr steif zu Eischnee schlagen

Name:	Klasse:	Datum:	Fach:	Nr.:

Hefezopf (Hefeteig)

Menge	Zutaten	Zubereitung
	Hefeteig:	
500 g 20 g ½ TL ⅛–¼ l	Mehl Hefe Zucker Milch	1. Vorteig/Dämpferl herstellen • Hefe in eine Tasse bröseln, mit wenig Zucker und etwas lauwarmer Milch verrühren • Mehl in eine Schüssel sieben, Mulde formen • Vorteig in Mulde gießen, zugedeckt ca. 10–15 Min. gehen lassen
1 Pr. 50 g 50 g 1–2	Salz Zucker Butter Eier	2. Teig kneten • Vorteig mit etwas Mehl mischen • Weiche Butter, Zucker, Salz und Eier zugeben • Teig kneten
		3. Teig zugedeckt ca. 10–15 Min. gehen lassen
		4. Teig in 3 Portionen teilen und Stränge formen
		5. Zopf flechten und nochmals gehen lassen
1	Eigelb	6. Zopf mit Eigelb bestreichen
		7. Zopf backen, 180 °C **Garzeit:** ca. 45 Min.

1. Vorteig herstellen

2. Hefeteig kneten

3. Hefeteig gehen lassen

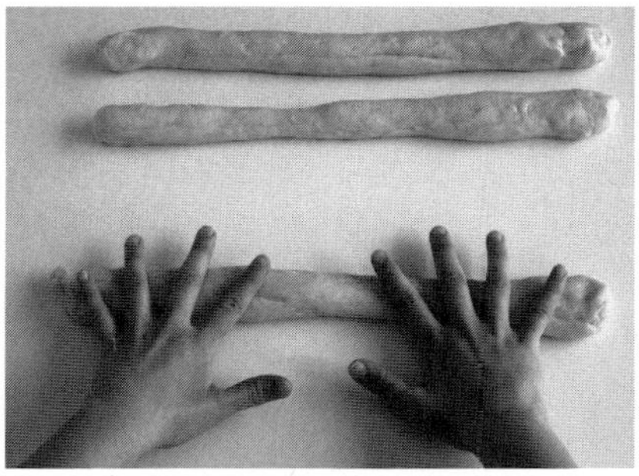

4. Teig in drei Portionen teilen und Stränge formen

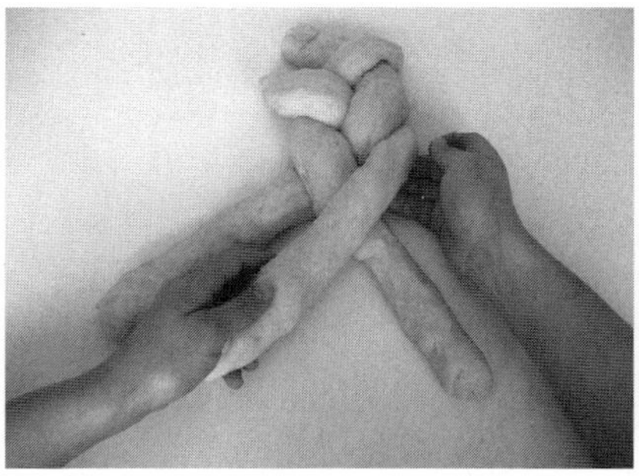

5. Zopf flechten und gehen lassen

6. Zopf mit Eigelb bestreichen, backen

Name:	Klasse:	Datum:	Fach:	Nr.:

Apfelstrudel (Strudelteig)

Menge	Zutaten	Zubereitung
	Strudelteig:	1. Mehl, Salz, Öl, Ei und Wasser gut verkneten
250 g	Mehl	2. Strudelteig abschlagen, bis er „Zungen wirft“
1 Pr.	Salz	
1–2 EL	Öl	3. Zwei Teigkugeln formen, mit Öl bestreichen
1	Ei	4. Mit einer Metallschüssel, die mit Dampf beschlagen ist, zudecken und mind. 30 Min. ruhen lassen
ca. ⅛ l	Wasser (lauwarm)	
etwas	Öl	
6 gr.	Äpfel	5. Äpfel waschen, schälen und in feine Scheiben schneiden
1 EL	Zitronensaft	6. Äpfel mit Zitronensaft beträufeln
1 TL	Zimt	7. Äpfel mit Zimt, Zucker und Nüssen mischen
2 EL	Zucker	8. Strudel dünn ausziehen, mit flüssiger Butter bestreichen
evtl. 2 EL	Nüsse	9. Strudel füllen, einschlagen und rollen
		10. Strudel in die vorbereitete Auflaufform oder auf das Backblech geben
50 g	Butter	11. Strudel mit flüssiger Butter bestreichen
		12. Strudel backen, 200 °C **Garzeit:** ca. 30–45 Min.
		13. Strudel zwischendurch immer wieder mit Butter bestreichen
	Puderzucker	14. Strudel herausnehmen und mit Puderzucker bestäuben

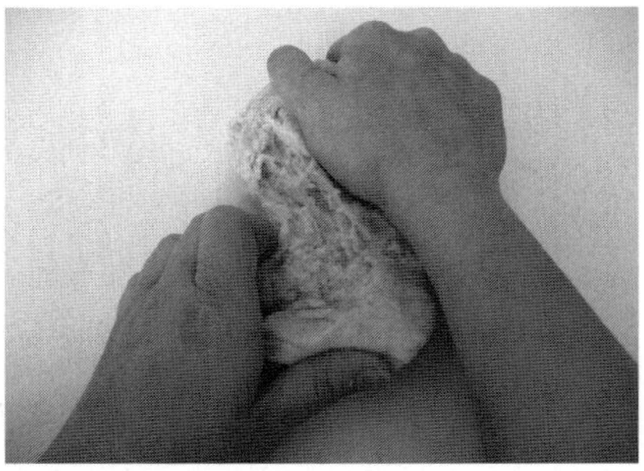

1. Strudelteig kneten und schlagen

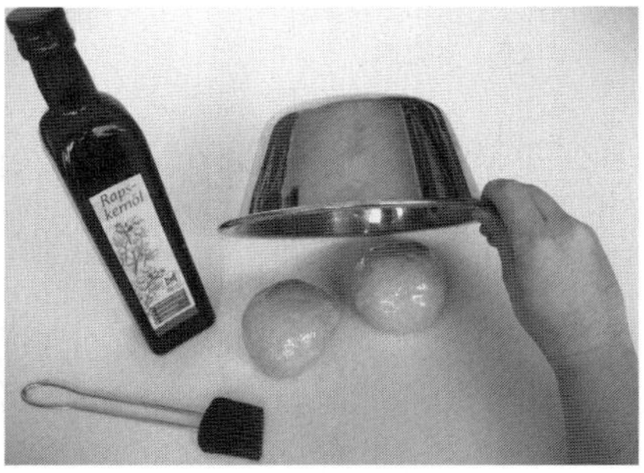

2. Teigkugeln formen, mit Öl bepinseln und ruhen lassen

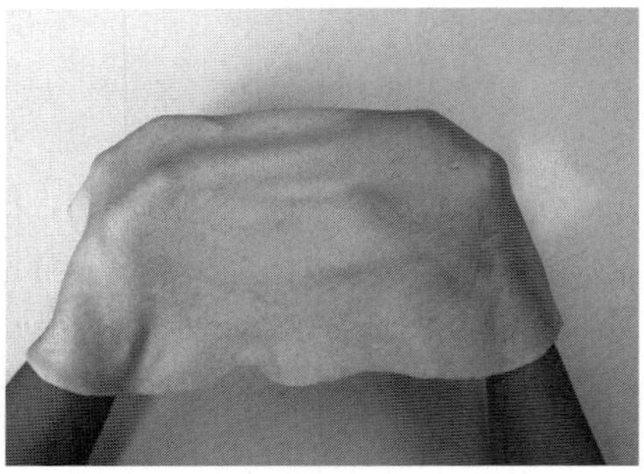

3. Strudelteig ausziehen

4. Strudel füllen und aufrollen

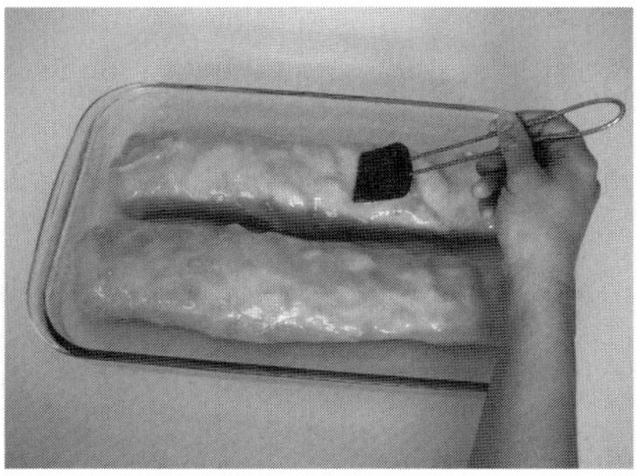

5. Strudel mit Butter bestreichen, backen

6. Strudel mit Puderzucker bestäuben

- Wärme fördert die Quellfähigkeit des Mehls, daher lauwarmes Wasser verwenden
- Strudelteig schlagen: Teig so oft mit Schwung auf die Arbeitsplatte werfen, bis er glatt und glänzend ist und deutlich die Form einer Zunge bildet

Name:	Klasse:	Datum:	Fach:	Nr.:

Windbeutel (Brandteig)

Menge	Zutaten	Zubereitung
¼ l 1 Pr. 50 g 150 g 4 1 Msp.	Wasser Salz Butter Mehl Eier Backpulver	1. Wasser, Salz und Butter im geschlossenen Topf kurz kochen 2. Mehl hinzugeben, gut verrühren und abbrennen, bis sich ein weißlicher Belag am Topfboden bildet, abkühlen lassen 3. Eier nach und nach unterrühren 4. Backpulver zugeben und unterrühren 5. Teig in Spritzbeutel füllen, Rosetten auf das Backblech spritzen 6. Backen, 200 °C, **Garzeit:** 30 Min. 7. Windbeutel mit einer Schere aufschneiden und auskühlen lassen 8. Windbeutel füllen, obere Hälfte aufsetzen

1. Wasser, Salz und Butter kochen

2. Mehl zugeben und abbrennen

3. Eier unterrühren

4. Rosetten aufspritzen, backen

5. Windbeutel aufschneiden, füllen

6. Mit Puderzucker bestäuben (süß)

Obst-Sahne-Füllung

Menge	Zutaten
2 B.	Sahne
1 P.	Sahnesteif
200 g	Früchte, z. B. Erdbeeren
	Puderzucker

- Früchte vorbereiten
- Sahne steif schlagen

Käsefüllung

Menge	Zutaten
200 g	Frischkäse
50 g	Käse (gerieben)
1 EL	Schmand
etwas	Salz, Pfeffer, Paprika

- Alle Zutaten gut verrühren

Lachsfüllung

Menge	Zutaten
100 g	geräucherten Lachs
100 g	Schmand
½ Bd.	Dill
etwas	Pfeffer, Salz

- Dill hacken
- Lachs pürieren
- Alle Zutaten verrühren

Name:	Klasse:	Datum:	Fach:	Nr.:

Tee

Menge	Zutaten	Zubereitung
viel	Wasser Tee, z. B. Früchtetee, schwarzer Tee, Kräutertee Zucker Zitronensaft	1. Wasser zum Kochen bringen: im Topf auf dem Herd oder mit dem Wasserkocher 2. Tee aufgießen: Teebeutel oder loser Tee 3. Tee ziehen lassen **Ziehzeit:** je nach Teesorte (siehe Packungsangabe)

1. Wasser erhitzen

2. Tee aufgießen

3. Tee ziehen lassen

4. Tee abseihen

Früchtepunsch

Menge	Zutaten	Zubereitung
½ l	Wasser Tee, z. B. Früchtetee, schwarzer Tee	1. Wasser zum Kochen bringen: im Topf auf dem Herd oder mit dem Wasserkocher 2. Tee aufgießen: Teebeutel oder loser Tee 3. Tee ziehen lassen **Ziehzeit:** je nach Teesorte (siehe Packungsangabe) 4. Teebeutel entnehmen/Tee abseihen
¼ l	Saft, z. B. Apfelsaft, Orangensaft Gewürze, z. B. Zimt, Nelken	5. Saft, Gewürze und Zucker zugeben, abschmecken
1–2 EL	Zucker	6. Punsch erhitzen

1. Wasser erhitzen

2. Tee aufgießen

3. Tee ziehen lassen

4. Punsch erhitzen

Name:	Klasse:	Datum:	Fach:	Nr.:

Obst-Milchshake

Menge	Zutaten	Zubereitung
200 g	Obst der Saison, z. B. Erdbeeren, Bananen etc.	1. Obst grob zerkleinern und pürieren 2. Milch zugeben und nochmals pürieren 3. Zucker oder Honig zugeben, verrühren 4. Milchshake abschmecken 5. Milchshake in Gläser füllen und verzieren
800 ml	Milch	
1 EL	Zucker/Honig	
	evtl. Eiswürfel, Eiskugel, Obst	

1. Obst pürieren

2. Milch zugeben

3. In Gläser füllen

4. Shake verzieren

Cocktail

Menge	Zutaten	Zubereitung
½ l	Saft	1. Säfte und Wasser abmessen und mischen, evtl. schütteln 2. Cocktail abschmecken und in Gläser füllen (evtl. Zuckerrand vorher anbringen!) 3. Garnierung vorbereiten und verzieren
¼ l	Mineralwasser	
	evtl. Zitronensaft, Sirup, Zucker, Obst für Garnierung	

1. Säfte abmessen, mischen

2. Glas in Zitronensaft tauchen

3. Rand in Zucker drücken

4. Einfüllen und garnieren

Tropen-Cocktail

Menge	Zutaten
¼ l	Ananassaft
¼ l	Orangensaft
¼ l	Mineralwasser
2 EL	Grenadinesirup
3 EL	Zitronensaft
	Eiswürfel

Frutty Mix

Menge	Zutaten
100 ml	Zitronensaft
¼ l	Orangensaft
⅛ l	Pfirsichsaft
¼ l	Maracujasaft
5 EL	Grenadinesirup
	Eiswürfel

Erdbeer-Coladina

Menge	Zutaten
200 g	Erdbeeren (püriert)
400 ml	Ananassaft
100 ml	Kokosmilch
2 EL	Erdbeersirup
	Eiswürfel